Marcelo Praciano de Sousa

Movimentos Sociais:
A contra-hegemonia ao processo de expansão da monocultura da soja em Santarém/PA (2000-2010)

Marcelo Praciano de Sousa

MOVIMENTOS SOCIAIS:
a contra-hegemonia ao processo de expansão da monocultura da soja em Santarém/PA (2000-2010)

EDITORA CRV
Curitiba - Brasil
2017

Copyright © da Editora CRV Ltda.
Editor-chefe: Railson Moura
Diagramação e Capa: Editora CRV
Revisão: O Autor

DADOS INTERNACIONAIS DE CATALOGAÇÃO NA PUBLICAÇÃO (CIP)
CATALOGAÇÃO NA FONTE

S719

Sousa, Marcelo Praciano de.
    Movimentos sociais: a contra-hegemonia ao processo de expansão da monocultura da soja em Santarém/PA (2000-2010) / Marcelo Praciano de Sousa. – Curitiba: CRV, 2017.
136 p.

    Bibliografia
    ISBN 978-85-444-1791-1
    DOI 10.24824/978854441791.1

    1. Ciências sociais 2. Movimentos sociais 3. Monocultura da soja – Santarém/PA I. Título II. Série.

CDU 338.43(81)   CDD 633.34918115

Índice para catálogo sistemático
1 Agricultura 630

ESTA OBRA TAMBÉM ENCONTRA-SE DISPONÍVEL
EM FORMATO DIGITAL.
CONHEÇA E BAIXE NOSSO APLICATIVO!

2017
Foi feito o depósito legal conf. Lei 10.994 de 14/12/2004
Proibida a reprodução parcial ou total desta obra sem autorização da Editora CRV
Todos os direitos desta edição reservados pela: Editora CRV
Tel.: (41) 3039-6418 - E-mail: sac@editoracrv.com.br
Conheça os nossos lançamentos: **www.editoracrv.com.br**

Conselho Editorial:

Aldira Guimarães Duarte Domínguez (UNB)
Andréia da Silva Quintanilha Sousa (UNIR/UFRN)
Antônio Pereira Gaio Júnior (UFRRJ)
Carlos Alberto Vilar Estêvâo (UMINHO – PT)
Carlos Federico Dominguez Avila (UNIEURO)
Carmen Tereza Velanga (UNIR)
Celso Conti (UFSCar)
Cesar Gerónimo Tello (Univer. Nacional Três de Febrero – Argentina)
Elione Maria Nogueira Diogenes (UFAL)
Élsio José Corá (UFFS)
Elizeu Clementino (UNEB)
Francisco Carlos Duarte (PUC-PR)
Gloria Fariñas León (Universidade de La Havana – Cuba)
Guillermo Arias Beatón (Universidade de La Havana – Cuba)
Jailson Alves dos Santos (UFRJ)
João Adalberto Campato Junior (UNESP)
Josania Portela (UFPI)
Leonel Severo Rocha (UNISINOS)
Lídia de Oliveira Xavier (UNIEURO)
Lourdes Helena da Silva (UFV)
Maria de Lourdes Pinto de Almeida (UNICAMP)
Maria Lília Imbiriba Sousa Colares (UFOPA)
Maria Cristina dos Santos Bezerra (UFSCar)
Paulo Romualdo Hernandes (UNICAMP)
Rodrigo Pratte-Santos (UFES)
Sérgio Nunes de Jesus (IFRO)
Simone Rodrigues Pinto (UNB)
Solange Helena Ximenes-Rocha (UFOPA)
Sydione Santos (UEPG)
Tadeu Oliver Gonçalves (UFPA)
Tania Suely Azevedo Brasileiro (UFOPA)

Comitê Científico:

Angelo Aparecido Priori (UEM)
Arnaldo Oliveira Souza Júnior (UFPI)
Carlos Ugo Santander Joo (UFG)
Dagmar Manieri (UFT)
Edison Bariani (FCLAR)
Elizeu de Miranda Corrêa (PUC/SP)
Fernando Antonio Gonçalves Alcoforado (Universitat de Barcelona, UB, Espanha)
Giovani José da Silva (UNIFAP)
José de Ribamar Sousa Pereira (Exército Brasileiro/Ministério da Defesa)
Kelly Cristina de Souza Prudencio (UFPR)
Liv Rebecca Sovik (UFRJ)
Marcelo Paixão (UFRJ e UTexas - US)
Maria Schirley Luft (UFRR)
Mauro Guilherme Pinheiro Koury (UFPB)
Ricardo Ferreira Freitas (UERJ)
Rubens Elias da Silva (UFOPA)
Sergio Augusto Soares Mattos (UFRB)
Silvia Maria Favero Arend (UDESC)
Sonia Maria Ferreira Koehler (UNISAL)
Suyanne Tolentino de Souza (PUC-PR)

Este livro foi avaliado e aprovado por pareceristas *ad hoc*.

Dedico este trabalho a todos os trabalhadores rurais amazônidas que tiveram suas vidas abruptamente interrompidas pelo imponderável.

Acreditais no palácio de cristal, indestrutível através dos séculos, isto é, um edifício tal que não se lhe poderá mostrar a língua, às escondidas, nem fazer figa dentro do bolso. Bem, mas talvez eu tema este edifício justamente porque é de cristal e indestrutível através dos séculos e por não se poder mostrar-lhe a língua, nem mesmo às ocultas.

DOSTOIÉVSKI

SUMÁRIO

APRESENTAÇÃO 13
PREFÁCIO 25

CAPÍTULO 1
MOVIMENTOS SOCIAIS: a construção do conceito 29
1.1 Os paradigmas dos movimentos sociais 30
1.2 A concepção norte-americana 31
1.3 O novo paradigma: teoria da
mobilização de recursos 33
1.4 A nova concepção: teoria do processo político 37
1.5 A teoria dos novos movimentos sociais 44
1.6 Conflitos sociais: o território em disputa 48

CAPÍTULO 2
A EXPANSÃO DA FRONTEIRA AGRÍCOLA 57
2.1 A expansão da soja no Brasil 62
2.2 A produção de soja na Amazônia 68
2.3 O processo de ocupação do Baixo Amazonas 74
2.4 A produção de soja no Baixo Amazonas 78

CAPÍTULO 3
PERCURSOS METODOLÓGICOS 85
3.1 Tipo de pesquisa 88
3.2 O método 88
3.3 Coleta de dados 89
3.4 Análise dos dados 91
3.5 Critérios metodológicos 92

CAPÍTULO 4
SOJA NO PARÁ: uma zona de conflitos 93
4.1 O início de uma nova cultura 93
4.2 Os primeiros migrantes e as mudanças no território 97
4.3 Moratória da soja: uma reação da
sociedade mundial 107

CONSIDERAÇÕES FINAIS 123

REFERÊNCIAS 127

APRESENTAÇÃO

Ocupar o território amazônico é sempre um desafio para os governos brasileiros. Assim, portanto, compreender o processo de expansão da monocultura da soja na região amazônica brasileira é esforçar-se para entender o processo de ocupação e de colonização da região num período que vai do final do século XX até os dias atuais.

A cultura da soja, uma oleaginosa nativa da China e do Japão também conhecida como feijão-de-soja, é uma atividade agrícola importante para a economia nacional, tendo iniciado a sua produção em território nacional ainda no século XIX. Radicou-se incialmente no Rio Grande do Sul devido às condições climáticas favoráveis à adaptação da espécie. Por lá, por décadas, houve pequenos cultivos entre agricultores familiares para a alimentação de animais de criação. A impossibilidade da expansão, devido a questões fundiárias, provocou o deslocamento para outros estados, como Paraná e Santa Catarina em meados do século XX, avançando com a ocupação das fronteiras agrícolas oestinas do território nacional, movimento demográfico incentivado desde a era Vargas.

A partir da década de 1970, a soja ganhou espaço no mercado internacional e começou o processo de expansão no território nacional. Após três décadas, a oleaginosa viria a ser o "carro-chefe" do novo ciclo agropecuário do Brasil (MULLER; BUSTAMANTE, 2002; CARVALHO, 1999).

A princípio, o seu cultivo se restringiu às regiões Sul e Sudeste. A década de 1980 marcou sua entrada no Centro-Oeste brasileiro. A expansão ocorreu devido à modernização da produção, mediante o desenvolvimento de espécies adaptáveis às condições naturais do planalto central (MULLER; BUSTAMANTE, 2002).

Após a chegada ao Centro-Oeste, a atividade continuou avançando no território nacional. A partir da década de 1990 ela chegou à Amazônia Legal, período em que o estado do Mato Grosso se destacou como o maior produtor de soja do país.

Nessa nova configuração, outros estados, como Maranhão, Roraima e Pará também se inseriram no caminho da monocultura. A floresta desmatada e os campos de gado abandonados cederam lugar ao novo agronegócio.

A entrada da soja na Amazônia marcou a economia nacional, pois, como destacaram alguns autores, o Brasil passou a ser o segundo maior produtor mundial, atrás somente dos Estados Unidos. A produção passou de 14 milhões de toneladas na década de 1990 para 39,6 milhões de toneladas em 2005 (CONAB, 2006).

Na figura abaixo, pode-se perceber o caminho traçado pela oleaginosa e a distribuição nos estados da Federação:

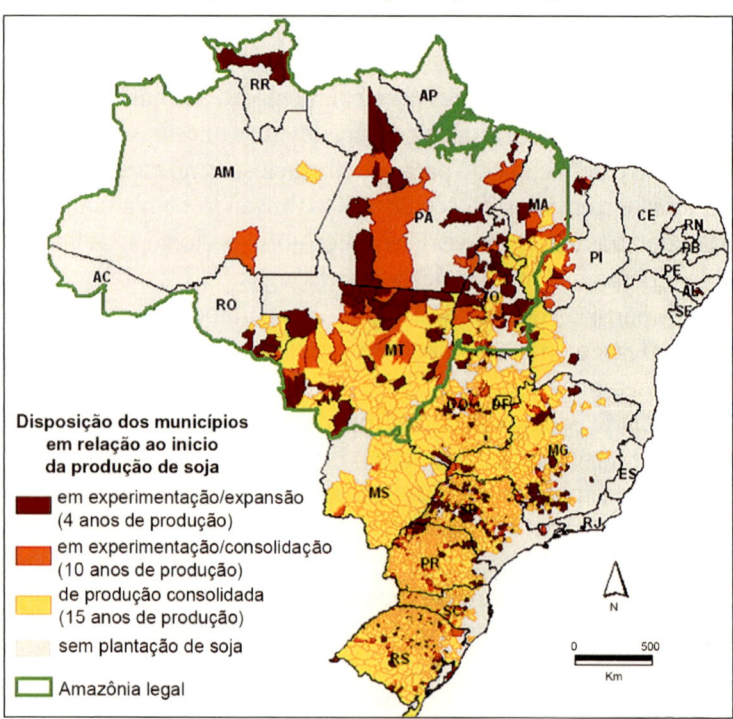

Figura 1 – Disposição dos municípios em relação ao início da produção de soja

Fonte: IPAM, utilizando os dados de quantidade produzida de soja em toneladas obtidos da base de dados de Produção Agropecuária Municipal do IBGE entre os períodos de 1990 a 2004.

Historicamente, a integração econômica da Amazônia ao mercado internacional ocorreu mediante o fornecimento de recursos naturais oriundos de atividades extrativistas. A expansão da nova fronteira agrícola causou na região mudanças na configuração produtiva. Em relação ao mercado externo, passou-se da produção extrativista para a agrícola. Essas transformações econômicas e mercadológicas provocaram mudanças sociais, políticas, paisagísticas e territoriais na região.

A Figura 1 demonstra que a produção de soja se consolidou ao Sul do Brasil, entretanto há novas áreas em experimentação, como é o caso da Região Norte. A região amazônica é caracterizada neste processo com um extenso território ainda em experimentação/consolidação. Existe uma área significativa em estudo para verificar a capacidade adaptativa e o índice de produtividade de diversas espécies. Verifica-se que os estudos e o processo de expansão/consolidação podem ultrapassar o espaço temporal de uma década. Diversos experimentos são necessários para desenvolver espécies que se adaptem às condições peculiares do solo, assim como o desenvolvimento de defensivos agrícolas[1] para combater as pragas que são peculiares a cada região. Fatores como a resistência das populações locais também contribuem para o retardo da expansão da nova cultura. No caso da região amazônica, a precária estrutura física (falta de estradas e de comunidades urbanas) foi determinante para desacelerar o processo expansionista do novo agronegócio.

A entrada da monocultura da soja na região do Baixo Amazonas foi marcada por uma série de conflitos. Aponta-se, por exemplo, o conflito fundiário como o epicentro da problemática, mas, em

---

1   O uso de agrotóxicos esteve presente na agricultura mecanizada e não havia estranhamento em relação à nomenclatura. Entretanto, a discussão em torno do uso desses produtos químicos cresceu nos últimos anos. Um dos principais argumentos é que eles seriam prejudicais à saúde humana. A linguagem como a própria agricultura transforma-se de acordo com as necessidades. Atualmente os produtores de soja readequaram a linguagem e denominam os produtos químicos de defensivos agrícolas. Em uma das entrevistas, o produtor chegou a mencionar que "agrotóxicos" é uma "palavra feia" e carrega consigo muitas críticas, por isso eles usam o termo "defensivos agrícolas", por ser essa uma linguagem "mais elegante e adequado ao momento".

paralelo a ele, os conflitos sociais relacionados às questões ambientais e territoriais ganharam força, sobretudo no início do século XXI.

É necessário discutir os impactos econômicos, culturais e, sobretudo, sociais correlacionados às questões ambientais na Amazônia, tendo em vista que novos megaprojetos estão sendo gestados para a região. Assim, em relação ao cultivo da soja, ainda não se verificou realmente quais os ganhos e as perdas em relação ao avanço da fronteira agrícola sobre o bioma amazônico que a cultura exige. A expansão é uma problemática que precisa ser debatida, porque diversos danos são ocasionados pela substituição da floresta pela produção em larga escala, segundo o modelo tradicional do agronegócio (MUELLER; BUSTAMANTE, 2002). O processo ocasiona alterações no clima e no solo, bem como no ambiente (NOBRE, 2001) e na organização social.

Como apontado anteriormente, ocupar a Amazônia brasileira foi um desafio para o Estado nacional. Durante a Segunda Guerra Mundial houve um grande fluxo migratório para trabalhar no extrativismo do látex, produto exportado para os países envolvidos no conflito mundial (PEREIRA; LEITE, 2011). Já os governos militares, décadas depois, criaram o Programa de Integração Nacional (PIN) para incentivar a migração à região amazônica. De acordo com Araújo et al. (2008), o PIN foi um incentivo para que migrantes do Sul e do Nordeste do Brasil pudessem ocupar o território da Amazônia. Terras e infraestrutura foram prometidas aos colonos migrantes (ARAÚJO et al., 2008, p. 15).

Depois do incentivo inicial do PIN, no entanto, de acordo com Araújo et al. (2008), a pobre estrutura social fez com que, em anos subsequentes, os colonos abandonassem as áreas recebidas. Esse fato demonstrou especialmente a dificuldade no tráfego, pois as rodovias recém-construídas não ofereciam boa trafegabilidade, dificultando o escoamento da produção e o acesso aos centros urbanos. O projeto da ditadura militar não atingiu completamente seu objetivo. De acordo com Araújo et al. (2008), após essa tentativa, os governos militares voltaram a incentivar empresas privadas a ocuparem a região.

A partir dessa fase de ocupação surgiu a problemática fundiária, pois os migrantes que receberam a concessão para ocupar terras não receberam o título definitivo delas. De acordo com Araújo et al. (2008), um decreto-lei de 1976 autorizou a desapropriação das áreas concedidas anteriormente aos migrantes. Na década de 1980, a população rural sobrepunha-se à urbana na região amazônica. Nesse ínterim, no entanto, a expansão da nova fronteira agrícola gerou alterações demográficas em alguns municípios, como Belterra e Santarém no Pará. Nesse contexto de ocupação, destacaram-se a exploração de madeira, o garimpo e a agricultura mecanizada, especialmente da soja (ARAÚJO et al., 2008).

Segundo Araújo et al. (2008), a extração da madeira no processo de ocupação representou aos colonos uma possibilidade de fonte de renda. A justificativa se deu devido à necessidade de melhorias na infraestrutura, como abertura de estradas e surgimento de comunidades. A comercialização da madeira, por intermediários da região, gerou lucros que foram investidos na agricultura mecanizada e na pecuária. Mais tarde, a entrada da soja consolidou um novo momento de expansão econômica à região.

A expansão do agronegócio de grãos para a região amazônica ganhou força nas décadas de 1980 e 1990, como mencionado anteriormente, período em que a soja, mediante a política expansionista, rompeu com os limites geográficos do Sul e Centro-Oeste brasileiro, avançando para a Amazônia Legal, com destaque para o estado do Mato Grosso.

De acordo com Leão e Bandeira (2012), há dois motivos principais que colaboram para a expansão do cultivo de grãos para a região amazônica. O primeiro é o barateamento do escoamento da soja, pois essa região está mais próxima dos centros importadores, a América do Norte e o continente europeu. O segundo é o preço da terra, porque as terras ao Sul e ao Centro-Oeste brasileiro estão supervalorizadas, enquanto as da região amazônica estão subvalorizadas.

Para Leão e Bandeira (2012), a expansão da soja trouxe graves problemas à região de influência da BR-163 (rodovia que liga Cuiabá-MT a Santarém-PA). O principal deles é o desmatamento acelerado e em grande escala da floresta amazônica. O Gráfico 1 aponta as dimensões e os anos de concentração do desmatamento na região amazônica entre 1988 e 2014.

Gráfico 1 – Taxa de desmatamento anual na Amazônia Legal entre 1988 e 2014. ("a": média 1977 a 1988; "b": média 1992-1994).

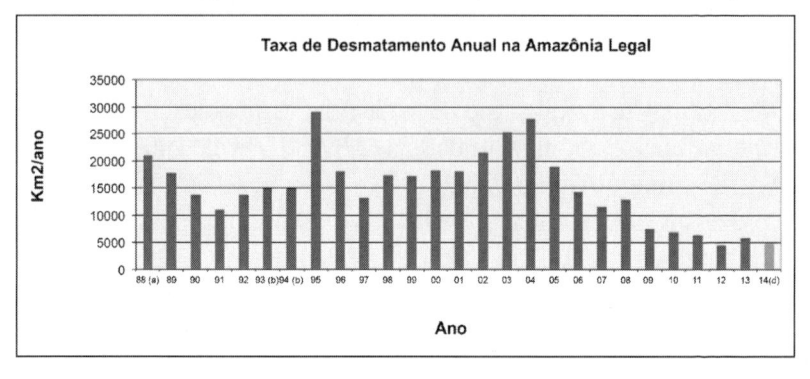

Taxa de Desmatamento Anual na Amazônia Legal

[Gráfico de barras com eixo Y "Km2/ano" variando de 0 a 35000 e eixo X "Ano" com anos de 88(a) a 14(d)]

Fonte: INPE, (1988-2014).

Nota-se, a partir de 1998, crescimento significativo de desmatamento, fenômeno que se intensificou até o ano de 2004, período em que começa uma nova retração do desflorestamento. Em 2004, a pressão social cresceu sobre a expansão do novo agronegócio para o bioma amazônico, não mais se justificando o desmatamento sem a regulação dos órgãos competentes.

A concentração do desmatamento conduz à outra questão não menos importante: o êxodo rural e a criação de novos bairros periféricos nas cidades. A migração da zona rural para a periferia urbana em Santarém foi ocasionada pela venda de terra por proprietários da região a migrantes, sobretudo do estado do Mato Grosso (LEÃO; BANDEIRA, 2012).

As cidades do Baixo Amazonas, com problemas na infraestrutura, mesmo assim acolheram pessoas oriundas do campo, que não possuem formação especializada para o mercado de trabalho urbano. Com o fim do capital advindo da venda das terras, essas famílias passam a sobreviver sob condições precárias, encontrando somente no trabalho informal uma nova fonte de renda. Por fim, a introdução da soja na região marcou o início de uma cultura exótica para o bioma amazônico. Esse processo, além de alterar a dinâmica econômica da região, modificou a organização social de inúmeras comunidades tradicionais, sendo algumas até extintas, como ocorreu com o Ramal da Moça e com o Ramal do Gato[2], ambas no quilômetro cinquenta e um da rodovia Santarém – Curua-Úna. As áreas anteriormente utilizadas para plantar gêneros alimentícios tornam-se áreas do novo agronegócio. O novo processo de ocupação e de uso do território ocasionou um novo ciclo de conflitos sociais na região.

Os projetos de ocupação territorial e de apropriação dos recursos para o desenvolvimento econômico regional desencadearam os conflitos sociais da primeira década do século XXI em Santarém. Os projetos em disputa são representados pelo novo agronegócio, que adentrou as fronteiras da Amazônia Legal com a monocultura da soja. Em oposição ao projeto expansionista da monocultura, houve a contraposição da sociedade civil organizada. O embate político, social e cultural foi resultado da disputa pelo território e pela apropriação dos recursos naturais. O desafio é compreender os conflitos sociais em um momento em que tanto o território como os recursos da região de Santarém/PA estiveram em disputa.

Cabe questionar os elementos ideológicos que fundamentam os conflitos sociais em Santarém em decorrência do avanço da monocultura da soja, do processo de ocupação territorial e da apropriação dos recursos. A problemática norteará as discussões subsequentes com a intenção de compreender o impasse social ocasionado pela expansão do novo agronegócio para a região de Santarém.

---

2   Comunidades extintas com o avanço do novo agronegócio. Os antigos moradores venderam seus lotes aos produtores de grãos e migraram para a zona urbana ou para outras comunidades, como Boa Esperança. Atualmente, o território das duas comunidades é ocupado pelas fazendas de produção de grãos.

Acerca da problemática, propõem-se duas hipóteses sobre as questões sociais relacionadas aos problemas ambientais na região de Santarém.

A primeira hipótese é referente aos conflitos sociais deflagrados pela disputa do território e pela apropriação dos recursos naturais. Esses fatores teriam ocasionado um momento de tensão social entre os representantes do novo agronegócio e os dos movimentos sociais em Santarém/PA, porque seriam modelos econômicos antagônicos e inconciliáveis. Assim, a disputa seria uma tentativa de eliminação de um dos projetos econômicos em presença e de consolidação hegemônica de um grupo social.

A segunda hipótese se refere à disputa que resultou na chamada "moratória da soja", evento internacional que buscou legitimar a produção da soja na Amazônia desde que novas áreas não fossem desmatadas. O acordo internacional teria representado perda para os movimentos sociais, porque a monocultura da soja continuou a avançar no território santareno e os produtores tiveram a segurança de que as instituições internacionais continuariam importando a produção. Em consequência, o novo agronegócio ampliou seu raio de ação na região.

Diante do cenário político e social estabelecido, o objetivo desta dissertação é compreender os conflitos sociais decorrentes do processo de expansão da monocultura da soja em Santarém, em especial entre os anos 2000 e 2010.

A partir desse objetivo principal emergem os objetivos específicos, quais sejam: (i) elucidar os conflitos entre os movimentos sociais e os agentes da expansão da monocultura da soja na região de Santarém, (ii) identificar os resultados provindos do embate social entre movimentos sociais e os representantes da monocultura da soja e (iii) compreender os impactos sociais relacionados a questões ambientais provindas da expansão da fronteira agrícola para a área em estudo.

Compreender o recente processo de ocupação territorial e econômica da região amazônica é um desafio posto à ciência. Assim, estudar a expansão da monocultura da soja para a região de Santarém deve nos encaminhar para a compreensão dos conflitos sociais gerados pela ocupação territorial e pelo modo de apropriação dos recursos naturais. O início do século XXI marcou um novo ciclo econômico para a região. Se o século passado começou com a decadência da economia da borracha, o atual começa com o apogeu da monocultura da soja (PEREIRA; LEITE, 2011).

O novo ciclo é eivado de controvérsias que envolvem diversos agentes. Os sojicultores trouxeram consigo um discurso de desenvolvimento para a região. Esses representantes do agronegócio defendem a ideia de que produzir essa cultura na Amazônia significa trazer desenvolvimento econômico e social para o território.

Entretanto, grupos locais não se apropriaram do discurso desenvolvimentista e entenderam que o avanço da monocultura da soja à região ocasionou um risco ambiental, social e cultural. Logo, há uma relação inconciliável entre os dois grupos que acarretou os conflitos deflagrados na primeira década do século XXI. Isto posto, entende-se que a compreensão da relação conflituosa estabelecida entre os dois grupos significa entender o processo de ocupação territorial e econômica da região de Santarém.

Esta dissertação debruça-se sobre a problemática dos conflitos sociais relacionados ao uso do território ocorridos em Santarém nessa primeira década do novo século, porque, como afirma Renato Ortiz, "[...] acreditamos que a compreensão melhor do passado é uma forma de entendermos o presente, e, às vezes, de nos orientarmos para o futuro" (ORTIZ, 1990, p. 168).

Em relação aos aspectos práticos, ter realizado uma inicial pesquisa exploratória revelou que havia uma reduzida produção científica sobre o processo de expansão da monocultura da soja na Amazônia, possivelmente por dois motivos: primeiro, por ser ainda um projeto em andamento, ou seja, os produtores de soja ainda estão adentrando ao território amazônico e, conjuntamente com a EMBRAPA, desenvolvendo espécies que se adaptem às condições da região, considerando sempre o aumento de produtividade e a resistência às pragas. O segundo motivo está atrelado ao limitado interesse dos pesquisadores de outras regiões a temas ligados à Amazônia, embora se possa já observar uma mudança em curso. A pesquisa exploratória demonstrou que a produção científica sobre a expansão da soja, mesmo realizada em outras regiões do país, é geralmente empreendida por pesquisadores oriundos da região Norte ou que têm alguma conexão com o território.

Esta pesquisa incorpora em si um tema importante e que poderá fomentar novos estudos sobre a expansão da monocultura de grãos para Santarém, tendo em vista que a cidade está geograficamente no centro da chamada região Oeste do Pará, composta de 21 municípios que, atualmente, buscam sua emancipação social e política por meio da luta para a criação do Estado do Tapajós[3].

Este estudo se insere na linha de pesquisa sobre "Espaço e Problemas Socioambientais", do Programa de Pós-Graduação em Ambiente e Desenvolvimento do Centro Universitário Univates. A partir da compreensão da relação conflituosa existente em Santarém devido ao modo de ocupação e uso do território, este estudo pretende contribuir com as pesquisas que se empenham por entender as relações estabelecidas pelo homem com a natureza, sobretudo quando ocasionam transformações no espaço através do trabalho e do mercado.

A dissertação está organizada em cinco partes. A primeira parte corresponde à introdução, com a apresentação da problemática da pesquisa, a definição dos objetivos e a contextualização histórica da Amazônia e seu processo de ocupação territorial, incluindo o processo mais recente, que é a da monocultura da soja. A última seção contém breves considerações sobre os conflitos sociais relacionados à ocupação do território e ao uso dos recursos naturais, e demonstra o que representou a moratória da soja, tanto ao novo agronegócio, quanto aos movimentos sociais.

A segunda parte, apresentada como primeiro capítulo, está destinada à discussão sobre o conceito de movimentos sociais, perpassando por diversas correntes que apresentam

---

3   Caso esse projeto se realize, Santarém é cotada para ser a capital do novo estado.

divergentes interpretações das ações sociais, com destaque para a Teoria dos Novos Movimentos Sociais. No segundo capítulo são apresentados os aspectos metodológicos e as caracterizações da pesquisa, bem como os desafios encontrados no trabalho de campo. O método foi definido a partir dos pressupostos metodológicos dos estudos em Ciências Sociais. O trabalho de campo gerou dois documentos: um diário de campo e os resultados das entrevistas.

O terceiro capítulo é uma abordagem histórica do avanço do agronegócio no Brasil. Descreve-se o processo de chegada da soja ao território, que se radicou primeiramente ao Sul do país. Posteriormente, com a evolução tecnológica e o desenvolvimento de novas espécies, avançou ao Brasil Central. Por fim, a oleaginosa ocupou território na Amazônia Legal.

O quarto capítulo elabora a discussão dos conflitos sociais provindos da expansão da produção da soja. Nessa seção apresentam-se os resultados da pesquisa realizada em campo por meio do trabalho etnográfico e das entrevistas com os atores sociais.

Na última parte foram apresentados os resultados preliminares da pesquisa realizada e os desafios para continuar os estudos sobre a ocupação territorial da Amazônia com a expansão da monocultura da oleaginosa.

PREFÁCIO

Há duas décadas a soja fazia sua estreia na Amazônia brasileira. Além dos efeitos já conhecidos nas regiões em que sua produção estava consolidada – concentração fundiária; desarticulação das relações sociais tradicionais no meio rural com o consequente surgimento de um excedente populacional que levou à favelização de pequenas e médias cidades nos estados do Sul; comprometimento em larga escala da biodiversidade, dentre outros – na Amazônia a monocultura da soja deparou-se com situações que, aparentemente, mudaram a relação dos sojicultores com o ambiente, as populações locais e o próprio mercado consumidor. Dentre essas, duas foram decisivas: no plano interno, o histórico de conflitos agrários da região, e, no plano externo, a grande sensibilidade que a questão ambiental da Amazônia desperta nos países desenvolvidos, onde se encontram os grandes centros consumidores da oleaginosa produzida no Brasil.

Os conflitos daí decorrentes são o tema analisado pelo sociólogo Marcelo Praciano em sua dissertação de mestrado, desenvolvida no Programa de Pós-Graduação em Ambiente e Desenvolvimento do então Centro Universitário UNIVATES, atual Universidade do Vale do Taquari, em Lajeado, RS.

Praciano é natural do município paraense de Santarém, que se constituiu numa espécie de polo difusor do cultivo da soja no Pará. Ligando o novo agronegócio diretamente aos centros consumidores, através de um porto construído expressamente para este fim pela maior comercializadora da soja produzida na região, a multinacional Cargill, com sede no estado de Minnesota, EUA, Santarém se tornou o epicentro dos conflitos desencadeados pela introdução do cultivo da soja na região. O preço relativamente baixo das terras, o incentivo das autoridades locais e o sucesso logístico do modelo atraíram centenas de sojicultores do sul e centro-oeste, ávidos por explorar a nova fronteira. O sistema de monocultura logo faria sentir seus efeitos, seja na desarticulação das economias agrícolas locais e deslocamento das respectivas comunidades, seja no intenso desmatamento para dar lugar às novas plantações. Estima-se que no início dos anos 2000 mais de um terço das novas áreas incorporadas anualmente ao cultivo da soja eram provenientes de derrubadas de mata virgem, o que fez com que a soja competisse com a pecuária como principal causa do desmatamento da Amazônia no período. Em consequencia, duas frentes de resistência começaram a se desenhar. De um lado, os sindicatos de trabalhadores rurais e associações de pequenos agricultores da região; de outro, organizações ambientalistas internacionais, com destaque para o Greenpeace, que, traçando a rota da soja comercializada pelas trades que operavam na região chegaram aos produtos finais, ou seja, os alimentos, consumidos em países europeus. Nestes, não foi difícil mobilizar a opinião pública com a consigna "Você está comendo a Amazônia", alertando para a soja proveniente do desmatamento da região e utilizada, por exemplo, na alimentação dos frangos que abasteciam as redes internacionais de fast-foods.

Ameaçadas de perder consumidores, essas redes passaram a pressionar as empresas exportadoras a buscarem soluções que evitassem o desmatamento para a produção sojícola, o que se somou às pressões já exercidas pelos sindicatos e associações de agricultores da região, que igualmente passaram a valorizar a questão ambiental.

Foi nesse contexto que em 2006 surgiu uma iniciativa inédita no agronegócio brasileiro: um pacto entre produtores, exportadores, associações civis e órgãos de governo visando impedir o desmatamento proveniente da expansão da monocultura da soja. Conhecido como "Moratória da soja", esse pacto estabeleceu um novo modelo não só de cultivo, incrementando a produtividade em áreas já cultivadas ao invés de incorporar áreas de floresta, como de gestão concertada da cadeia produtiva, com a participação dos principais agentes direta e indiretamente envolvidos.

Sem a preocupação de analisar os resultados que a "Moratória da soja" trouxe para a sustentabilidade do agronegócio em si, Praciano dedicou-se a estudar as dinâmicas social, política e cultural dos agentes envolvidos, principalmente os sojicultores – que, como linha de frente da expansão da nova fronteira agrícola, absorviam a maior parte dos conflitos gerados – e os agentes que organizaram o que Praciano denomina de "movimento contrahegemônico" ao modelo monocultor. A conclusão é paradoxal: ao mesmo tempo em que a "Moratória da soja" revelou-se um sucesso em termos de sustentabilidade ambiental, atingindo, portanto, uma das metas dos movimentos sociais envolvidos, levou ao esvaziamento desses mesmos movimentos, o que aponta para sua debilidade ideológica. Em outras palavras, tais movimentos parecem nutrir-se dos conflitos sociais propriamente ditos, sem se preocupar com a formulação de projetos alternativos que possam apontar para um novo padrão de relações econômicas, sociais e políticas no plano concreto da realidade. Não se constituem, em suma, como verdadeiros agentes de transformação social.

Em suma, seguindo uma metodologia de trabalho que lhe permitiu ampla perspectiva dos fenômenos estudados, Praciano revelou evidências empíricas importantes para a reflexão crítica sobre o papel dos movimentos sociais em situações de instabilidade e mudanças sociais no Brasil.

Renato de Oliveira
Programa de Pós-Graduação em Ambiente e Desenvolvimento
Universidade do Vale do Taquari – UNIVATES

CAPÍTULO 1
MOVIMENTOS SOCIAIS:
a construção do conceito

Para elucidar o conceito de Movimentos Sociais, neste texto, daqui em diante, recorre-se, primeiramente, à chamada "teoria clássica dos movimentos sociais". Em seguida, faz-se o percurso por diversas correntes teóricas, embora não se tenha a pretensão de esgotar o tema. Procura-se demonstrar que esses conceitos são construídos histórica e coletivamente. Ressalta-se que a definição do conceito é ampla, porque os movimentos sociais em si são heterogêneos e múltiplos. Diante dessa heterogeneidade e multiplicidade, discute-se como diversas correntes teóricas e diversos autores envolvidos entendem os movimentos sociais.

A discussão conceitual é necessária para a compreensão das novas formas de manifestação social adotadas por grupos da sociedade civil. Neste trabalho concebe-se que os movimentos sociais relacionados às questões ambientais e territoriais podem ser entendidos a partir da teoria dos novos movimentos sociais. Essa teoria, a partir da década de 1970, incorporou novos temas, como a questão ambiental, a ocupação territorial e o conceito de desenvolvimento.

Para a elaboração deste capítulo foi realizada, previamente, uma pesquisa bibliográfica sobre o tema, perpassando pelas teorias clássicas e transcorrendo até as "novas" compreensões das ações coletivas. De tudo o que foi assimilado, compreende-se esse conceito como uma categoria explicativa que fornece pistas adequadas para o entendimento das relações conflituosas ocorridas no município de Santarém no período de expansão da monocultura da soja no início dos anos 2000.

1.1 Os paradigmas dos movimentos sociais

Antes de entender o conceito de movimentos sociais, recorremos a Gohn (2002). Segundo esta autora é necessário primeiramente compreender o conceito de "paradigma" e, posteriormente, verificar as diferentes abordagens sobre a temática. Segundo ela, cada paradigma está relacionado a uma corrente teórico-metodológica que é constituída por uma teoria conectada ao contexto histórico, cultural, político e social. Gohn apresenta, então, o paradigma como:

> Um conjunto explicativo em que encontramos teorias, conceitos e categorias, de forma que podemos dizer que o paradigma X constrói uma interpretação Y sobre determinado fenômeno ou processo da realidade social. Esta explicação deve diferir da de outros paradigmas. T. Kuhn, físico responsável pela difusão mundial do termo, afirmou que na ciência um paradigma surge toda vez que é difícil envolver novos dados em velhas teorias. (GOHN, 2002, p. 13).

Para a autora, o paradigma é contexto, no qual são construídas as categorias explicativas que devem estar entrelaçadas por uma teoria e por um método que são imprescindíveis para a explicação e compreensão de um determinado tema, essas categorias explicativas devem ser amplamente aceitas. O paradigma é sempre a busca constante da ciência para compreender as mudanças periódicas, e com isso contextualizar as teorias e os métodos de acordo com as novas exigências.

Ao entender o paradigma como contexto em que são constituídas categorias teórico-metodológicas, Gohn (2002) afirma que, em referência à análise dos movimentos sociais, há vários paradigmas, porque as variadas características geográficas, políticas e culturais influenciam o modo de compreensão científica do tema.

É importante verificar que a ciência não é uma abstração espiritual deslocada do mundo terreno. Pelo contrário, como vimos anteriormente, os paradigmas nascem de uma realidade concreta localizada no tempo e no espaço.

O intuito deste capítulo é, então, compreender as ações coletivas empreendidas pelos sujeitos a partir dos pressupostos teórico/metodológicos da sociologia. Essa compreensão se dará à luz da produção teórica existente sobre o tema e, posteriormente, serão analisados os conflitos sociais deflagrados em Santarém no período da expansão do agronegócio de soja, a partir da teoria dos movimentos sociais.

Para elucidar essa ideia, abordam-se três concepções. Primeiramente cabe apresentar a corrente teórica que aponta os movimentos sociais como mobilização de recursos, conhecida justamente como Teoria de Mobilização de Recursos (TMR). Em seguida vem a Teoria de Processo Político (TPP) e, por fim, os Novos Movimentos Sociais (NMS). Entretanto, é importante ressaltar que cada uma dessas concepções teóricas emergiu em um momento histórico peculiar e de um espaço geográfico determinado. Por fim, apontam-se as contribuições de Alain Touraine sobre as ações coletivas.

1.2 A concepção norte-americana

Na escola estadunidense há uma divisão para compreender os movimentos sociais. Primeiramente se pode destacar a concepção da escola de Chicago, que buscou entender as ações coletivas a partir de uma visão psicológica.

A escola de Chicago, como corrente teórica, apresenta os movimentos sociais a partir da ideia da "sociedade de massa", termo cunhado por autores como Eric Fromm, Hoffer e Kornhauser.

Gohn (2002) demonstra que essa corrente teórica:

> [...] via os comportamentos coletivos como resultados de ações advindas de participantes desconectados das relações em ações normais ou tradicionais. Tratava-se de uma corrente mais preocupada com o comportamento coletivo das massas, vendo-o também como fruto da anomia e das condições estruturais de carências e privações. (GOHN, 2002, p. 35).

Percebe-se, na compreensão dessa corrente, a existência de um positivismo filosófico e também de um determinismo. Para ela, o comportamento coletivo, por vezes, seria marcado pela desconexão entre as ações sociais e os padrões definidos socialmente. Desse modo, os autores representantes dessa corrente teórica estiveram mais preocupados em compreender o comportamento coletivo dos grupos sociais do que os aspectos ideológicos e políticos das organizações sociais. Para Gohn (2002), as ações sociais que saíssem dos padrões estabelecidos pela sociedade seriam transgressões de regras e causariam a anomia social e seriam sintomáticas.

Essa concepção não apresentou o caráter político e histórico dos movimentos sociais, assim como também não buscou entendê-los como organizações coletivas que lutam por melhorias sociais e exigem demandas essenciais à existência humana.

A concepção funcionalista norte-americana destaca-se pela proximidade com a teoria dos movimentos sociais e com a ideia de marginalidade, embora haja um retorno aos entendimentos psicanalíticos. A corrente afirmou que há desajustes na estrutura social. Os movimentos sociais reconhecem essa lacuna e agem em busca da construção de uma sociedade mais ajustada.

Entretanto, para Gohn (2002) há características essenciais que fazem com que a sociedade se organize para agir coletivamente. Dentre essas características podemos destacar a ideologia, a possibilidade de eficácia do movimento e as condições prévias para a ação coletiva.

Há nas teorias organizacionais/comportamentais norte--americanas, correntes teóricas que não criaram nenhuma teoria específica sobre os movimentos sociais, mas abriram caminho para o surgimento da teoria que seria um novo marco no paradigma da compreensão das ações coletivas, a "Teoria da Mobilização de Recursos" (TMR).

É notável que as teorias norte-americanas adotem a ideia comportamental e psicológica. É a partir dessas chaves de compreensão que as teorias foram construídas, embora em alguns casos esteja explícito o ideal de ação coletiva. A compreensão norte-americana fundamenta seu entendimento nas categorias explicativas mencionadas anteriormente. Logo, ressalta-se que o paradigma norte-americano é baseado na categoria psicológica e comportamental.

Gohn (2002) entende que as compreensões norte-americanas contribuíram para a emergência do novo paradigma que teve o objetivo de estudar as ações políticas dos atores sociais. Para a autora, a importância das correntes teóricas norte-americanas está na abertura das discussões sobre as ações coletivas.

Entre as teorias das ações coletivas contemporâneas, a Teoria da Mobilização de Recursos elabora contundentes questionamentos acerca da compreensão sobre os Movimentos Sociais a partir das características psicológicas dos atores sociais. Uma nova corrente de análise nasce se distanciando dos aspectos psicanalíticos.

1.3 O novo paradigma: teoria da mobilização de recursos

De acordo com Alonso (2009), os anos entre 1930 e 1960 marcaram o tempo em que as Ciências Sociais passaram a repensar as chaves de leitura até então usadas para a compreensão da ação coletiva.

Para a autora, teóricos como Adorno e Riesman analisaram os movimentos sociais a partir de perspectivas revolucionárias, e também buscaram explicações nos aspectos culturais das sociedades. Em suas reflexões, esses autores observaram tanto a construção psíquica dos indivíduos como a estrutura social produzida pelo advento da Idade Moderna e dos seus desdobramentos tecnológicos, que afetaram as organizações sociais e os comportamentos políticos dos grupos.

Alonso (2009), baseada nesses dois pensadores, afirma que a Modernidade teria formado sujeitos individualistas e narcísicos, sujeitos que estariam "voltados de costas para a política" (ALONSO, 2009, p. 50). Essa corrente teórica defende a ideia da desmobilização social. Para ela, os sujeitos estariam mais envolvidos com os interesses próprios do que com os da coletividade.

A década de 1960 foi marcada por mudanças elucidadas a seguir pela autora:

> A tese da desmobilização, contudo, foi posta à prova pela mudança de cenário. Nos anos 1960, tanto na Europa, sede do totalitarismo, quanto nos Estados Unidos, afinal a pátria da sociedade de massas, ressurgiram mobilizações. Alguns teóricos da revolução ainda as saudaram como retorno do movimento operário, mas, logo se viu, elas eram bastante peculiares. Não se baseavam em classe, mas sobretudo, em etnia (o movimento pelos direitos civis), gênero (o feminismo) e estilo de vida (o pacificismo e o ambientalismo), para ficar nos mais proeminentes. Tampouco visavam a revolução política, no sentido da tomada do poder de Estado. Não eram reações irracionais de indivíduos isolados, mas movimentação concatenada, solidária e ordeira de milhares de pessoas. Então não cabiam bem em nenhum dos dois grandes sistemas teóricos do século XX, o marxismo e o funcionalismo. (ALONSO, 2009, p. 50-51).

Verifica-se que a mudança histórica ocorrida na década de 1960 exigiu das Ciências Sociais uma nova atitude interpretativa em relação ao comportamento social dos sujeitos. A autora demonstra que houve uma peculiaridade no novo momento. Embora alguns teóricos tivessem apontado a volta aos movimentos operários, percebeu-se a não conformidade às características da luta de classes, pois tratava-se de novas demandas, como a da questão étnica, a de gênero e a dos impasses ambientais.

As novas organizações sociais não estavam empenhadas na revolução política como estiveram os operários do século XIX e não reivindicavam o direito à igualdade. A luta se transmutou pelo direito à diferença, como se percebe na causa das mulheres e na dos homossexuais.

Alonso (2009), diante desse novo cenário, conclui que as novas ações sociais não são explicadas pela teoria marxista e pelo funcionalismo do século XX. Essas novas circunstâncias causaram um rompimento teórico, exigiram novas explicações, novos métodos e novas categorias epistemológicas. Essas novas ações sociais não se concentraram na tentativa da tomada do poder do Estado, mas abriram novos questionamentos, como qualidade de vida e direito de viver de modos diversos.

A partir da década de 1970 nasceram novas explicações acerca das organizações sociais coletivas. Para Alonso (2009), autores como McCarthy e Zald (1977) são importantes para compreender o novo momento teórico. Eles teriam desenvolvido a Teoria da Mobilização de Recursos (TMR) e essa concepção não se apoiou nas percepções de cunho psicológico, mas, ao contrário, observou a racionalidade das ações coletivas.

A teoria engendrou um novo método de analisar os movimentos sociais. McCarthy e Zald (1977) afirmam que ela se afastou da corrente economicista marxista, que tem as privações econômicas como o epicentro das suas análises. E não encontrou fundamentos na teoria funcionalista, que explicava as ações coletivas a partir das organizações estruturais. De acordo com Alonso (2009), a Teoria da Mobilização de Recursos observou e buscou explicar os processos que desencadearam os movimentos sociais.

Ao se contrapor à teoria psicologista americana, a TMR afirmou que não foram os aspectos emocionais, advindos de fora dos sujeitos, que os impulsionaram contra certa circunstância social apresentada. De acordo com essa corrente teórica, o elemento mobilizador foi a deliberação individual e o fato de o indivíduo ter pesado os ganhos e as perdas antes de entrar em um embate social.

Ao observar alguns critérios da TMR, Alonso (2009) retira algumas conclusões:

> Mas a ação coletiva só se viabilizaria na presença de recursos materiais (financeiros e infraestrutura) e humanos (ativistas e apoiadores) e de organização, isto é, da coordenação entre indivíduos doutro modo avulsos. A criação de associações ou, mais comumente, o uso de estruturas comunitárias preexistentes, daria a base organizacional para os movimentos sociais. (ALONSO, 2009, p. 52).

A ação coletiva está diretamente relacionada à organização estrutural do movimento. A TMR centrou as interpretações teóricas nas formas de organização estrutural, porque a estruturação do movimento é relevante para a consistência das ações. Os termos "associações" ou mesmo "estruturas comunitárias" apresentam claramente a necessidade de se manter uma estrutura que, por vezes, é burocrática e organizada, a partir de critérios previamente definidos e os recursos financeiros e humanos constituem os pontos centrais da reflexão da TMR. Essa teoria aprofundou e defendeu a tese da burocratização dos movimentos sociais. Para ela, as ações coletivas deveriam se assemelhar a uma empresa, pois, de acordo com Alonso (2009), "[...] gradualmente, criariam normas, hierarquias internas e dividiriam o trabalho, especializando os membros, com os líderes como gerentes, administrando recursos e coordenando as ações" (ALONSO, 2009, p. 52).

A TMR entendeu os diversos movimentos sociais que surgiram imbricados por um mesmo tema como concorrentes. Dessa forma, para um movimento sobreviver, ele teria que competir com os outros e vencê-los, ou seja, superar a concorrência. A ideia de cooperação não esteve inclusa no cotidiano de cada movimento, mas o que se sobressaiu foi a concorrência, que provavelmente existia entre os diversos movimentos sociais.

Percebe-se que, a partir dessa concepção, se estabeleceu a ideia de "indústria do movimento social", ideia para a qual a centralidade esteve na competição e na manutenção do movimento. Algo que deve ser salientado é a luta travada para se conseguir recursos e para arrebanhar novos membros ao movimento.

Como demonstra Alonso (2009), essa configuração do movimento desencadeou conflitos internos, pois a estrutura funcional gera interesses múltiplos. De acordo com a autora, isso causou divisões no movimento, desembocando no surgimento de subunidades criadas a partir de uma mesma causa. Disso se estabeleceu a competitividade que cada ação coletiva teria que superar.

A TMR igualou os movimentos sociais a outras organizações sociais que ela julgou terem as mesmas características, como os próprios partidos. Isso foi possível porque essa teoria primou pela "organização e pela racionalidade", por vezes negando a composição ideológica dos movimentos sociais. A teoria recebeu das organizações de esquerda sérias críticas, sobretudo por igualar os movimentos sociais às empresas, pois se, por um lado, a TMR observou problemas nas teorias funcionalistas e economicistas marxistas, por outro ela foi ao outro extremo, enfatizando a ideia racional e a burocracia das ações coletivas.

A negação da construção da identidade coletiva torna-se um entrave para a TMR, pois ela não apresenta o sujeito imerso em uma coletividade. De acordo com a autora, a TMR apresentou o sujeito totalmente autônomo em suas atitudes, de forma que aspectos externos, como a própria ideologia de um movimento, não interfiram na formação da identidade de um grupo, porque, para a TMR, não há uma ideologia preponderante, mas diversas em um mesmo movimento social (ALONSO, 2009).

Por fim, a Teoria da Mobilização de Recursos se contrapõe às teorias funcionalistas e economicistas, e desenvolve a crítica a essas correntes defendendo a ideia da racionalização das ações coletivas, nas quais os sujeitos pesam os ganhos e as perdas dentro de um movimento social.

1.4 A nova concepção: teoria do processo político

Diferentemente da TMR, a Teoria do Processo Político (TPP) e a Teoria dos Novos Movimentos Sociais (TNMS) compreendem os movimentos sociais a partir da perspectiva do conceito de revolução. Para tanto, elas se contrapõem às explicações deterministas e economicistas da ação coletiva e também à ideia do sujeito histórico universal. Ambas as teorias fazem a combinação entre as concepções teóricas de cultura e de política. Enquanto a TPP investe na concepção de política, a TNMS prioriza a de cultura.

Antes de adentrar na discussão para fazer as defesas das duas correntes em questão, conceitua-se brevemente a ideia de revolução. Discutir o conceito de revolução é necessário, pois a Teoria do Processo Político (TPP) analisou alguns acontecimentos revolucionários europeus para elucidar as ideias defendidas – acontecimentos como o movimento revolucionário francês e a redemocratização da Itália, entre outros.

Para Hannah Arendt (2011):

> O conceito moderno de revolução, indissociavelmente ligado à ideia de que o curso da história de repente se inicia de novo, de que está para se desenrolar uma história totalmente nova, uma história jamais narrada ou conhecida antes, era desconhecido antes das duas grandes revoluções no final do século XVIII. (ARENDT, 2011, p. 56).

Arendt (2011) afirma que a Revolução Francesa e a Revolução Americana provocaram significativas mudanças na história da humanidade. Para a autora, revolução é uma ação política que provoca a mudança radical nos rumos da história. A revolução segue um caminho em que não há retorno para o ponto de partida. Daí se deduz, portanto, que o importante em uma revolução não é reconhecer o vencedor, mas perceber que o movimento revolucionário muda o direcionamento da história.

De acordo com a autora, a revolução também é uma luta por liberdade, mas não por libertação, embora esta última possa estar no bojo do movimento. A libertação pode ser o resultado de uma ação grupal para superar uma situação opressiva. A luta por liberdade é uma ação que pode mudar os rumos da história. No âmbito político, a luta por liberdade requer a instauração de uma nova ordem, portanto ela está intrinsecamente ligada à ideia de revolução.

A autora elucida aspectos importantes do conceito de revolução:

> Apenas onde existe esse páthos de novidade e onde a novidade está ligada à ideia de liberdade é que podemos

falar em revolução. Evidentemente, isso significa que as revoluções não se resumem a insurreições vencedoras e que não é o caso de qualificar de revolução qualquer golpe de Estado, e tampouco de procurar uma revolução em qualquer guerra civil. (ARENDT, 2011, p. 63).

Novamente Arendt salienta que a característica da revolução é a inovação ou o rompimento com a História existente. Não basta, portanto, o movimento ser violento, reformador ou restaurador. É preciso que ele seja inovador para ser considerado um movimento revolucionário, não esquecendo a luta por liberdade, a primeira característica marcante das revoluções.

No que concerne à relação que há entre o conceito de revolução e a liberdade, Arendt (2011) afirma:

> [...] para qualquer compreensão das revoluções na era moderna é a convergência entre a ideia de liberdade e a experiência de um novo início. E, visto que a noção no Mundo livre é que a liberdade, e não a justiça ou a grandeza, constitui o critério supremo para julgar as constituições dos corpos políticos, o grau de nosso preparo para aceitar ou rejeitar tal convergência dependerá não só de nosso entendimento da revolução como também de nossa concepção de liberdade, de origem nitidamente revolucionária. (ARENDT, 2011, p. 57).

Apoiada nos gregos, a autora menciona a liberdade como um fenômeno político, cujo objetivo é alcançar as condições de "não domínio", não existindo, dessa forma, a condição de dominados e a de dominadores. Essa forma de organização política foi expressa pela palavra "isonomia", que consiste na ausência total de domínio. A expressão "isonomia" seria mais adequada, pois a palavra "democracia", mesmo expressando o domínio da maioria, ainda se reporta a questões de forças.

Se, no entanto, se concebe o mundo grego a partir da "não condição de domínio", deve-se ressaltar que essa condição favorecia somente àqueles que possuíam bens, os que eram "livres". A ideia de liberdade, de acordo com a teoria de Alex de Tocqueville, era garantida pela equalização das oportunidades. Ou seja, oferecer oportunidades iguais a homens desiguais. Para Arendt (2011), a igualdade no mundo grego não é um elemento da natureza dos homens. Ela é concedida pela pólis, que, no campo político, busca tornar iguais homens desiguais.

A liberdade, para as modernas correntes teóricas, não é algo concedido por um Estado ou por outra instituição, mas deve ser conquistada e construída: "[...] o objetivo da revolução era a liberdade e o nascimento da liberdade significava o início de uma história totalmente nova" (ARENDT, 2011, p. 60). Citando o movimento dos operários da "*Comuna de Paris*", Arendt afirma que sua luta era "construir" certa liberdade, que não foi concedida pelos adeptos de Napoleão. A Comuna teria fornecido à História um recomeço, pois reivindicações feitas pelos *communards* no século XVIII ainda são parte dos direitos adquiridos atualmente.

A necessidade de criar a novidade, de recomeçar a História, mesmo que através do uso da violência, foi o que levou os *communards* a questionarem a ordem vigente, assim como o corpo político dirigente, e a instaurarem um novo modo de governar. Para Arendt (2011) é, portanto, o espírito revolucionário que leva os homens a se perceberem como donos do seu próprio destino, sobretudo no que se refere à questão política.

Norberto Bobbio et al. (1995) entendem por revolução

> [...] a tentativa, acompanhada do uso da violência, de derrubar as autoridades políticas existentes e de substituí-las, a fim de efetuar profundas mudanças nas relações políticas, no ordenamento jurídico-constitucional e na esfera sócio-econômica. (BOBBIO et al., 1995, p. 1121).

Tanto para Bobbio (1995) quanto para Arendt (2011), a revolução se caracteriza pelo uso da violência. Não é, no entanto, um uso irracional da violência que faz a revolução, mas seu uso diante de uma situação histórica difícil, cuja mudança só advém através das armas. A violência é um dos meios para a realização da mudança histórica.

Destaca-se também o rompimento gerado pelo movimento revolucionário, pois, para Bobbio, o rompimento ocorre com a derrubada das "autoridades políticas" e a sua substituição. As profundas mudanças nas relações políticas e no ordenamento jurídico-constitucional são os resultados da luta revolucionária, que, em Arendt (2011), desembocariam em transformações históricas significativas.

Para Fernandes (1984), a revolução também se apresenta como movimento que muda os rumos da História. Há, no entanto, duas condições que precedem o momento revolucionário. Primeiramente, a crise no vértice dominante, que, sem mudanças na forma de governar, não se sustenta como governante. Essa crise pode abrir espaço para que a base construa um caminho diferente. Posteriormente, o agravamento das condições de vida da base, para a qual são negadas condições básicas de existência. Mediante isso, a base se reconhece como agente social, e toma consciência de que somente mudanças objetivas poderão alterar os rumos da História e fazer emergir um novo ciclo.

Para Fernandes, a palavra revolução deve ser aplicada para:

> [...] designar mudanças drásticas e violentas da estrutura da sociedade. Daí o contraste frequente de "mudança revolucionária", que sublinha o teor da revolução como uma mudança que "mexe nas estruturas", que subverte a ordem social imperante na sociedade. (FERNANDES, 1984, p. 354).

Lênin (1987), baseado em uma leitura marxista, destaca que o objetivo de uma revolução popular é "[...] quebrar a máquina burocrática e militar do Estado" (LÊNIN, 1987, p. 47). Para o autor, o principal objetivo de uma revolução popular é desestruturar o Estado existente e, posteriormente, o povo deve construir uma forma de governo diferente da existente. Poder-se--ia perguntar: Por que a destruição do Estado? De acordo com

Lênin, e também Marx, o Estado é o aparelho de dominação do grupo hegemônico, portanto só a destruição desse aparelho de dominação permitiria as transformações almejadas. O autor elucida que a revolução deve "mexer nas estruturas". Segue-se, portanto, que a revolução não é simplesmente um questionamento da ordem vigente, ela muda o que está preestabelecido, dando tanto à História um novo início, como para a estrutura vigente uma opção diversa da existente. A revolução deve romper com a ordem vigente.

A revolução é um movimento político que, muitas vezes, é acompanhado do uso da violência, mas tem a intenção de mexer com as estruturas existentes, assim como fornecer à História um recomeço. Revolução é a escolha feita por um grupo para se chegar a um modelo de sociedade que tende a ser distinto do que se tinha anteriormente.

Ao elucidar a ideia de ruptura e mudança histórica através da revolução nota-se que, para a TPP, a estrutura rígida e burocrática será o meio pelo qual os movimentos sociais deverão agir politicamente, porque a estrutura burocrática é o epicentro do poder político. É a partir dessa constatação que a TPP elaborou os conceitos que serão analisados.

O conceito de Estrutura de Oportunidades Políticas (EOP), desenvolvido pela TPP, fornece parâmetros políticos aos atores sociais porque é um dos meios pelos quais o movimento pode agir politicamente (TILLY, 1978).

De acordo com Tarrow (1998), quando há mudança nas EOP, "[...] nas dimensões formais e informais do ambiente político" (TORROW, 1998, p. 20), são abertas novas possibilidades para a ação coletiva e também novos agentes surgem na relação estabelecida entre o Estado e a Sociedade Civil.

De acordo com o autor, a EOP favorece que os grupos insatisfeitos se organizem e façam suas reivindicações. Para a TPP, os atores sociais não nasceram com as ideias do movimento, mas as adquiriram no percurso da história, e a incorporação da ideologia de movimento favorece aos atores sociais um conceito peculiar de ação política.

Na análise do conceito de ação política, dois quesitos são importantes. O primeiro é a pertença a uma categoria, ou seja, os atores sociais não são independentes, ao contrário do que apregoava a TMR, mas inseridos no grupo que possui um objetivo político delineado e também uma ideologia a ser defendida. O segundo quesito consiste nas relações interpessoais que estabelecem as conexões entre o sujeito e o grupo ao qual pertence.

A TPP vinculou a sua explicação a duas categorias representativas, o Estado e a Sociedade Civil. Para a teoria, tanto uma como outra são "formas coletivas de ação". Para Tilly (1978), os movimentos sociais são resultados das relações estruturais que se estabeleceram entre Estado e sociedade civil organizada.

E os movimentos sociais surgiram para se contraporem à centralização de poder pós-ascensão da burguesia. Eles, portanto, são decorrência de novo arranjo político.

Alonso (2009) tece afirmações sobre esta questão.

> Os movimentos sociais seriam, então, uma forma histórica de expressão de reivindicações, que não existiu sempre, nem em toda a parte. Aqui aparece a outra perna da explicação, a histórico-cultural, sintetizada no conceito de "repertório". (ALONSO, 2009, p. 57).

Na nova explicação, baseada na metodologia histórico-política, aparece a ideia de repertório, que, para Tilly (1978), são as diversas formas de ações políticas encontradas por grupos agentes de uma sociedade. O próprio autor faz, porém, ressalvas ao afirmar que o repertório de ação política disponível para a sociedade é reduzido.

Os atores sociais, no conjunto do repertório disponível, poderiam escolher aquelas ações que mais conviessem aos seus interesses em uma luta contra alguma ordem vigente ou mesmo para a sua manutenção. O autor afirma a existência de um número limitado de repertórios, uma vez que há somente as alternativas contra a ordem ou a favor dela. No conceito de repertório pode-se observar o aspecto político da análise da TPP.

A TPP é, porém, uma teoria que compreende a ação coletiva dos atores sociais imersa em uma ideologia do movimento social. Ao contrário da TMR, a TPP entende que fatores externos interferem diretamente na posição política dos sujeitos.

1.5 A teoria dos novos movimentos sociais

A Teoria dos Novos Movimentos Sociais (TNMS) não se constitui como escola coesa, tal como a TMR e a TPP. Encontram-se nessa teoria pensadores como Alain Touraine, Jürgen Habermas e Alberto Melucci. Embora eles sejam críticos da ortodoxia marxista, foi mantida a análise "macro-histórica" e a relação entre conflitos e mudança social. Mas a marca da TNMS está em sua análise, quase que exclusiva, a partir da questão cultural das ações coletivas.

Touraine (1989) demonstra que, após a década de 1960, nasceu uma nova configuração de sociedade, denominada de "sociedade programada", que marcou o período pós-industrial, no qual a indústria e o trabalho perderam a centralidade do embate político. Para o autor, a sociedade seria marcada, a partir da descentralização da indústria e do trabalho, pela dominação cultural, que teve como auxílio o aparato tecnológico. Nesta nova forma de dominação, as próprias relações, antes delineadas como de domínio público ou privado, tiveram suas fronteiras atenuadas.

Acerca disso, Touraine (1989) afirma que "[...] o conflito não está mais associado a um setor considerado fundamental da atividade social, à infraestrutura da sociedade, ao trabalho em particular; ele está em toda a parte" (TOURAINE, 1989, p. 13). Essa afirmação enfatiza que o conflito, a partir da nova configuração, não está exclusivamente relacionado a um setor da sociedade, mas está presente em todos os setores. Os atores sociais não estariam ligados somente a uma causa – o trabalho –, pois novos temas teriam entrado na agenda das reivindicações, tais como família, educação, gênero e, mais recentemente, a questão ambiental e territorial, assunto que, em especial, se busca compreender nesta pesquisa.

Na concepção de Touraine (1989), os novos agentes sociais não estariam ligados a uma classe social, mas fariam parte de grupos que foram marginalizados dos padrões culturais preestabelecidos. Nesse caso, trata-se de movimento essencialmente de oposição à "normalidade".

Os novos movimentos sociais não se constituíram essencialmente contra o Estado e nem tinham como intenção a conquista do poder estatal. Eles tiveram como objetivo conquistar a sociedade civil, e se estabeleceram como grupos de pressão política em relação ao poder estatal. O autor se destaca no debate sobre os novos movimentos sociais, pois retoma o conceito de sociedade civil.

Habermas (1984) palmilha os mesmos passos que Touraine, entretanto relaciona as ações coletivas ao capitalismo tardio: os conflitos são resultados da relação que se estabeleceu entre capital e trabalho. Assim, o fato de o Estado se entrelaçar com a economia de mercado ocasionou que outros aspectos fossem deixados de lado, como as políticas sociais. Para resolver essas questões, a estrutura estatal desenvolveu um aparato jurídico-burocrático. Esse processo desencadeou uma ordem sistêmica, observada pela economia de mercado, que, neste caso, foi estabelecida para atender às necessidades do mundo cultural hegemônico.

Habermas (1984) afirma que esse processo gerou duas tendências. A primeira foi a expansão monetária de cunho exclusivamente econômico, transferida para as relações sociais. A segunda tendência retrata a expansão da racionalidade instrumental, baseada em técnicas e procedimentos da ordem sistêmica. A intenção era ocupar os espaços de interação e comunicação para gerar um "empobrecimento cultural". Na teoria de Habermas (1984) percebe-se o pessimismo em relação às utopias do passado. Não seria possível realizar a quimera que a classe trabalhadora alimentou por anos em relação à tomada do poder, pois as novas estruturas sociais necessitam de novas formas de ação, denominadas de "nova zona de conflito". A luta não se configurava no embate com as relações de capital e trabalho, mas, a partir da nova configuração simbólica, seria combatida em torno de melhores condições materiais de existência e das questões ambientais.

Os novos movimentos sociais se caracterizam pelas formas "autogestionárias", pela participação efetiva dos atores sociais e, mais fortemente, pela criação de "contrainstituições", que se organizam para não sofrer influência das ideologias partidárias e da cultura de massa, gerando canais de comunicação independentes da mídia convencional.

Melucci (1980), tal como Touraine e Habermas, dedica-se a explicar os novos movimentos sociais, desenvolvendo o conceito de sociedade pós-industrial, que designa complexidade, na qual havia a inter-relação entre as esferas pública e privada. Para o autor, a sociedade era marcada pela tecnologia da informação, utilizada como instrumento de dominação e controle das novas relações sociais.

Assim como para Touraine e Habermas, Melucci (1980) defende que os conflitos sociais não emergem do mundo do trabalho, mas advêm de duas novas facetas. A primeira seria propriamente o corpo do ser humano, que, na sociedade pós--industrial, ter-se-ia tornado um "objeto científico". E este, por sua vez, deveria estimular o consumo de massa.

A segunda faceta do conflito está relacionada à ideia religiosa, caracterizada através da luta da religião contra os novos caminhos trilhados pela sociedade, pelos quais os homens buscam se libertar dos dogmas impostos pela igreja. A própria luta das mulheres pelo direito sobre seu próprio corpo foi causa de intriga com a religião, sobretudo pela defesa religiosa do matrimônio e do caráter sagrado da procriação.

Diante da nova configuração social, Melucci (1980) defende que os novos movimentos sociais seriam essencialmente organizações de resistência aos rumos do desenvolvimento econômico, buscando reestabelecer as relações antes definidas entre público e privado.

Os novos movimentos sociais, a partir de uma ordem cultural, buscam o reconhecimento das identidades coletivas. Esta, talvez, seja a grande novidade apresentada pelo autor. Embora Touraine e Habermas mencionem a ideia de identidade, Melucci (1980) desenvolve o conceito de identidade coletiva, esclarecido como:

[...] uma definição interativa e compartilhada produzida por numerosos indivíduos e relativa às orientações da ação e ao campo de oportunidades e constrangimentos no qual a ação acontece. (MELUCCI, 1988, p. 342).

O autor expõe que a identidade coletiva é uma construção social a partir das circunstâncias encontradas pelo movimento social em seu campo de ação, surgindo tanto dos "constrangimentos" quanto das "oportunidades". Para o teórico, a identidade só pode ser construída se os indivíduos agirem coletivamente em uma ação comum aos envolvidos.

O pronome "nós" não trata simplesmente de arranjos gramaticais, mas é resultado da construção social desenvolvida por um grupo, através de ações coletivas organizadas. Para Melucci, os movimentos sociais não são agentes em si mesmos, e sim uma forma que os atores sociais desenvolveram/apropriaram para se posicionar social e politicamente.

A partir dos referenciais teóricos examinados, reforça-se a hipótese da expansão da soja como catalizadora de resistências, ou seja, de resistências que se constituíram como um processo de contra-hegemonia à nova ocupação territorial.

Para Gramsci (1989), o conceito de hegemonia não é expresso somente pela dominação econômica, mas representado pelos domínios cultural e ideológico de um grupo sobre outro. Assim, a hegemonia não opera somente sobre a estrutura econômica da sociedade, mas determina as ideologias, a cultura e também o modo de produção de conhecimento. Gruppi (1978), inspirado em Gramsci, afirma que:

[...] uma classe é hegemônica, dirigente e dominante até o momento em que, através de uma classe, sua ação política, ideológica e cultural consegue manter articulado um grupo de forças heterogêneas e impedir que o contraste existente entre tais forças exploda, provocando assim uma crise na ideologia dominante, que leve à recusa de tal ideologia, fato que irá coincidir com a crise política das forças no poder. (GRUPPI, 1978, p. 67).

O domínio não é concretizado exclusivamente pelos aspectos econômicos do poder, pois a ação ideológica e persuasiva do grupo hegemônico é essencial para a reunião de forças adversas. Hegemonia é, portanto, a capacidade de reunir diversas forças em uma mesma sociedade para um fim único. Para Gruppi (1978), quando o poder deixa de ser hegemônico, há uma desagregação das forças políticas e ideológicas em questão, ocasionando a crise política.

Desse modo, para compreender os conflitos sociais relacionados às questões ambientais e territoriais ocasionados pela expansão da monocultura da soja na região de Santarém, necessita-se entender a política de ocupação territorial e o modo de apropriação dos recursos naturais. Nesse processo tem havido e há uma disputa entre os grupos pela hegemonia, que significa o domínio econômico, cultural e ideológico para a consolidação de um modelo econômico de produção caracterizado como agricultura moderna e mecanizada.

1.6 Conflitos sociais: o território em disputa

Para a compreensão dos conflitos sociais, necessita-se recorrer a elementos da geografia, porque, no contexto em análise, os conflitos sociais são caracterizados pela tensão social no processo de mudanças na forma de ocupação territorial. Compreende-se que as ações sociais, relacionadas às políticas ambientais, podem ser analisadas a partir das interpretações da Teoria dos Novos Movimentos Sociais, conectados às políticas de ocupação territorial. Para o desenvolvimento do conceito recorre-se às teorias das Ciências Sociais, sobretudo, aos conceitos desenvolvidos pela geografia.

Cabral (2007) empenha-se em "[...] refletir sobre as noções de espaço, lugar, paisagem e território". Para o autor, esses conceitos apresentam abstração e oferecem análises diversas (CABRAL, 2007, p. 141). Entretanto, são importantes para a compreensão do processo de ocupação e de transformação do território em disputa.

Para conceituar a ideia de espaço, Cabral (2007) apresenta, através de Santos (1999), três características que o definem. Primeiro, a extensão física como o concreto, o material e o substantivo do espaço. Em seguida, a dialética na disposição entre as coisas e as ações coletivas. Por fim, a coerência e a lógica que há entre os elementos materiais do espaço. Desse modo, o espaço é um conjunto indissociável de sistemas de objetos e de sistemas de ação. Logo, existe uma correlação entre o espaço físico e o espaço como lugar de interações sociais.

Para elucidar o conceito de lugar, Cabral (2007) aponta que ele se fundamenta na relação estabelecida do homem com o ambiente. Então ele apresenta o lugar como a base da existência humana e como elemento rico em significados. Ressalta-se que "lugar" e "espaço" são termos familiares, embora geograficamente tenham conotações diferentes. O termo "lugar" não pode ser entendido como uma delimitação territorial, mas é onde ocorre a experiência simbólica. Essa concepção se aproxima da Teoria dos Novos Movimentos Sociais, porque traz para a discussão o conceito de cultura, sobretudo o de cultura política.

A concepção radical da geografia entende o lugar como construção "sócio-histórica" que determina as funções sociais dos atores. Entretanto, para novos estudos geográficos, o lugar é "[...] um campo de articulações das questões cruciais para a compreensão da existência humana e sua relação com o ambiente" (CABRAL, 2007). O conceito de lugar é entendido como um local onde os sujeitos se articulam e agem social e politicamente, logo, ele é um espaço da ação social coletiva.

O autor discute outro conceito, o de "paisagem" – também termo familiar – e elucida que, quando se pensa em paisagem, é a imagem das formas visíveis/físicas sobre a terra e sua composição que se imagina. O pensamento estaria imbricado na concepção sistêmica que entende a paisagem como realidade objetiva e instável. Entretanto, a concepção cultural compreende o termo paisagem como a mediação entre o mundo das coisas (material) e a subjetividade humana. Então, a paisagem é uma construção social e oferece uma diversidade de interpretações.

Finalmente, Cabral (2007) apresenta o conceito de "território". Baseado na geografia física, afirma que território é a extensão espacial delimitada por uma fronteira e ocupada por grupos humanos, mas acrescenta ao conceito elementos políticos, pois o território é onde acontecem as relações políticas e as tensões sociais. Significa dizer, portanto, que o conceito expressa a tensão social na extensão territorial. O embate político acontece, sobretudo, no processo de apropriação privada do território (SENHORAS, 2010).

Haesbaert (2010) apresenta as dimensões históricas que contribuíram para a formação do conceito de "região". O autor discute o conceito observando-o não somente como uma categoria físico-espacial, mas considerando os aspectos socioeconômicos. A região está em constante transformação, e não pode ser observada como categoria estática, mas dinâmica, mudando de acordo com as construções sociais. Para elucidar sua ideia, o autor utiliza o termo "arte-fato" – envolvendo os conceitos de arte e de produção –, que demonstra o conceito de região como uma construção social.

O conceito de arte está vinculado às seguintes atividades: ideologia, folclore, costumes, modo de vida e religião. Dessa forma, a categoria espaço é o processo de materialização dessas atividades; logo, a ideia de região é uma construção social e possui seus agentes de transformação-modificação social.

Para Haesbaert (2007), a ideia de região é uma construção social que desemboca em outro conceito, o de "regionalidade", configurada como a identidade regional ou dos agentes sociais. Além da diversidade ambiental/estrutural, encontra-se também, em cada região, a diversidade cultural, que se referencia ao simbólico. A regionalidade é a identidade da região, e nela está a compreensão dos aspectos práticos e simbólicos dos indivíduos.

Mesquita (1994) apresenta a discussão sobre o conceito de "limite"/"fronteira". Fronteira é o que está à frente, "[...] a ponta da lança da civilização" (MESQUITA, 1994, p. 69), e o limite relaciona-se aos limitantes territoriais. Fronteira é a zona de contato e limite a linha de delimitações do "espaço". E, mais, limite é uma linha, uma delimitação, enquanto fronteira é um inverso, uma zona, provavelmente habitada, local de intercâmbios entre os indivíduos. Mesmo assim, esses conceitos precisam ser integrados para terem um real sentido. Mesquita (1994) apresenta outros dois conceitos para o melhor entendimento da ideia de limite e fronteira: território e territorialidade. Território é espaço físico que está sob o controle de um Estado. Territorialidade é a identidade construída socialmente acerca de um território: "A identidade é construída; é um mito, mas é ela que permite a uma população de continuar" (MESQUISTA, 1994, p. 70).

Martins (1997) apresenta duas categorias de fronteiras, sendo uma delas definida como "frente pioneira" e outra, como "frente de expansão". Ao mesmo tempo em que são "frentes", também se constituem como "cosmovisões". A fronteira é entendida como um local de encontro, e este, por sua vez, pode desencadear tanto o conflito etnocêntrico como a alteridade. Ao observar o conceito a partir da visão das Ciências Sociais, o autor afirma que "[...] o que há de sociologicamente mais relevante para caracterizar e definir a fronteira no Brasil é, justamente, a situação de conflito social" (MARTINS, 1997, p. 133).

A fronteira é o espaço onde ocorre o conflito social. Os conflitos sociais relacionados às questões ambientais, que marcaram a introdução da monocultura da soja na região de Santarém, podem ser compreendidos como uma fronteira cultural e política/econômica. Fronteiras desse tipo se manifestam tanto pelo encontro entre culturas distintas como pelo distinto modo de apropriação do território e de seus recursos.

Martins, ao fazer inferências sobre o conceito, afirma:

> A fronteira é a fronteira da humanidade. Além dela está o não humano, o natural, o animal. Se entendermos que a fronteira tem dois lados e não um lado só, o suposto lado da civilização; se entendermos que ela tem o lado de cá e o lado de lá, fica mais fácil e mais abrangente estudar a fronteira como concepção de fronteira do humano. (MARTINS, 1997, p. 141).

O autor, após observações sobre o avanço da frente pioneira e da frente de expansão, conclui que o conceito fronteira é composto por dois lados: o do civilizado e o do "animal", que são distintos e entram em choque quando se encontram. O autor afirma que a expansão da fronteira se vincula à expansão das características do sistema capitalista de produção. Martins (1997) elucida que a criação de novas fronteiras significa encontrar novos mercados ou mesmo construir novas mercadorias. Desse modo, o entendimento do conflito social se ocasiona pelo encontro de duas lógicas contrapostas, a do humano e a do "não humano", e disputam espaço a cada nova sociedade encontrada.

Cabral (2007), ao desenvolver os conceitos de lugar, paisagem e território, transbordou as velhas observações da geografia física, que delineava esses conceitos como dimensões estáticas. O autor apresenta os conceitos como o lugar da construção social e histórica. Lugar, no caso, não estaria ligado ao "endereço", mas ao espaço em que são desenvolvidas as atividades humanas que têm sentido e significado social e cultural.

O autor apresenta a paisagem para além dos aspectos físicos e cênicos, vinculando-a ao poder simbólico que reverbera no humano. Ele entende o território não como espaço limitante da ação de um Estado Nacional ou como uma fronteira rigidamente delineada, mas como um ambiente em que as relações políticas/sociais em disputa acorrem, produzindo e transformando o espaço. Mediante isso, Martins (1997) fornece aos conceitos geográficos novas interpretações considerando os aspectos políticos, sociais e culturais da sociedade.

Haesbaert (2010) apresenta os conceitos de região e regionalidade como um arranjo entre as ideias de espaço e as de simbolismo, caracterizando a região como um espaço de relações políticas, econômicas e culturais. O autor, em sua compreensão, amalgama teorias e conceitos diversos sobre região e regionalidade, para, a partir de uma nova visão epistemológica, apontar dois conceitos imersos em um processo de desarticulação regional e, a partir disso, elaborar novas interpretações acerca da ideia de região e regionalidade. As novas interpretações apontaram a região como um espaço da ação social da coletividade e a regionalidade como o aspecto da identidade dos agentes sociais.

Martins (1997), contrapondo-se à ideia anterior, entende a fronteira como lugar de alteridade, porque é onde as diferentes culturas ou organizações sociais se encontram e disputam espaço para ação coletiva. Entretanto, a fronteira pode ser encarada também como o local do encontro etnocêntrico, onde os grupos reconhecem as diferenças como entraves sociais, rejeitando a possibilidade do reconhecimento das diferenças culturais, econômicas e sociais dos grupos.

O autor, mesmo ciente da ideia de alteridade, percebe que o avanço da fronteira de expansão para a região amazônica ocasionou alterações na dinâmica social das sociedades da localidade. Esse avanço criou as condições necessárias para que a lógica capitalista de produção ganhasse espaço no território amazônico. Dessa forma, um novo modo de ocupação e de apropriação do território na região amazônica abriu espaço para que novos conflitos sociais surgissem, como é o caso da nova ocupação territorial planejada a partir da monocultura da soja.

Para Senhoras (2010), os novos conflitos sociais ocasionados pelas questões ambientais são resultado da tensão social ocasionada por diferentes formas de ocupação e de uso do território estabelecidas por novos grupos sociais. Os conflitos sociais, gerados pelo modo de apropriação e de uso do território, deflagrados em Santarém, provavelmente ocorreram devido à contradição estabelecida no processo de ocupação/uso do território.

De acordo com Porto e Milanez (2009), os conflitos sociais que discutem as questões ambientais questionam o modo de ocupação territorial e problematizam o modelo de desenvolvimento adotado considerando aspectos como o ambiente e as condições sociais estabelecidas. Para os autores, a disputa ultrapassa a questão territorial, porque ingressa também no campo da política econômica e discute o modelo de desenvolvimento. Para elucidar a problemática os autores afirmam:

> Os conflitos socioambientais enquanto conflitos distributivos, produtos das desigualdades e contradições decorrentes dos processos econômicos e sociais de desenvolvimento que formam "centros" e "periferias" mundiais e regionais. (PORTO; MILANEZ, 2009, p. 1986).

Os autores elucidam que os conflitos sociais que retratam os problemas ambientais discutem questões como o território e o modelo de desenvolvimento adotado pelo Estado brasileiro. Outras questões, não menos importantes, como o arranjo territorial em "centros" e "periferias" e também o tema das desigualdades sociais, são problemáticas que também entram no debate dos novos movimentos sociais.

Para Miranda (2011), a ocupação do território e o uso dos seus recursos configuram-se como uma disputa de poder. Para esse autor, as tensões sociais resultam dos conflitos entre projetos territoriais que consistem em estratégias tanto da apropriação do território quanto dos recursos naturais ou de mercadorias que futuramente serão produzidas no espaço. A disputa consistiria em um processo de legitimação ou mesmo de institucionalização dos projetos territoriais em disputa. A disputa é entendida como o modo como os projetos montam estratégias para a consolidação dos objetivos impetrados.

A compreensão sobre os conflitos sociais é conduzida pelos processos de ocupação territorial, pela apropriação dos seus recursos e pela discussão sobre o modelo econômico adotado. As ações sociais coletivas encontram-se imersas na disputa por poder e, para sua consolidação, desenvolvem estratégias de ações alternativas para o estabelecimento de um projeto territorial e de dominação política e econômica.

A literatura analisada nesta dissertação aponta que a ocupação econômica e ideológica da região amazônica não foi tarefa fácil para os governos brasileiros, e ocasionaram transformações políticas e territoriais na região. A expansão da monocultura da soja encontrou resistência na região amazônica, destacando a reação em Santarém.

Entende-se que a organização social que se opôs à expansão da fronteira agrícola para a região de Santarém é um movimento social relacionado aos problemas ambientais e territoriais ocasionados pela monocultura da oleaginosa. Baseado no conceito de contra-hegemonia de Gramsci, delineia-se que as ações sociais coletivas ocorridas na região possivelmente se constituíram com uma organização contra-hegemônica ao processo expansionista e à ocupação territorial. Há uma ordem vigente estabelecida por um grupo político com interesses próprios, mas existem também projetos que se contrapõem aos interesses do grupo hegemônico.

Gramsci (1989) entende a contraposição como "contra-hegemonia", portanto essa é uma chave de leitura que pode contribuir para a compreensão dos movimentos sociais relacionados à problemática ambiental e territorial que se contrapuseram à expansão da fronteira agrícola na região santarena.

Ressalta-se o entendimento de Gramsci (1989) sobre o conceito de hegemonia, pois, para o autor, a hegemonia é a capacidade de organização política de uma classe social para se manter no poder, sendo que, para isso, ela precisa criar e manter mecanismos de dominação política, econômica e cultural. Esses mecanismos são instrumentos que exercem um poder sobre a classe dominada, pois, para que haja a hegemonia de um grupo, há necessidade do domínio sobre outro.

Embora, por um lado, haja um grupo que se consolide como dominador, por outro há a resistência do dominado que o autor classifica como contra-hegemonia. Para Coutinho (1999), contra-hegemonia é a luta contra uma política hegemônica de dominação estabelecida, e, por vezes, legitimada pela superestrutura. O embate social travado entre os atores sociais tem como objetivo estabelecer uma nova hegemonia com novos atores sociais no comando da sociedade. Na perspectiva teórica, percebe-se que o embate social estabelecido entre os representantes do agronegócio e os movimentos sociais foi uma luta por estabelecimento de uma política hegemônica. Na verdade, por um lado, os sojicultores, com o apoio do Estado brasileiro mediante incentivos fiscais, buscaram estabelecer a lógica da reprodução do capital. E, por outro lado, os movimentos sociais estabeleceram-se como projeto contra-hegemônico ao processo de expansão da monocultura da soja e assim consequentemente ao processo de ocupação territorial da região de Santarém por parte dos sojicultores.

CAPÍTULO 2
A EXPANSÃO DA FRONTEIRA AGRÍCOLA

O vazio demográfico, as reservas minerais e a biodiversidade são características que constituem a imagem que se projeta sob a região amazônica. Desde 1950, a Amazônia brasileira sofre intervenções governamentais com objetivos tanto em relação ao vazio demográfico quanto com relação à integração efetiva dessa região ao território brasileiro "desenvolvido".

O primeiro objetivo governamental consistiria, então, em sanar o vazio demográfico. Para isso houve o incentivo à migração para a região. Quanto a esse assunto, a história recente registra três grandes fluxos migratórios para a Amazônia. O primeiro ocorreu na década de 1950 com a migração de nordestinos, movimento esse causado pela grande seca que atingiu a região ao final da década de 1950. O segundo transcorreu a partir de 1970, com a migração de sulistas que foram impulsionadas pelos incentivos prometidos pelos governos militares e pelo aumento da disputa por terra ao sul do país. Ao fim dos anos 1990 iniciou-se o novo fluxo migratório impulsionado pelo novo agronegócio que chegara à Amazônia Legal.

O segundo objetivo do governo, independentemente do fluxo migratório, tinha o intuito de integrar a região amazônica às regiões "desenvolvidas" do Brasil com a intenção de promover o desenvolvimento do Norte do país. Para efetivar a integração houve investimentos em infraestrutura. O marco da política intervencionista foi a construção da BR- 010, para conectar Belém à nova capital brasileira, inaugurada em 1960, Brasília que passou a ser a nova capital do Estado brasileiro a partir de 1958.

Integrar a Amazônia às regiões do Brasil foi um processo de intervenção política. O intuito dessa política era estabelecer condições e estratégias para explorar o potencial econômico do território. O processo histórico de ocupação territorial da Amazônia foi estabelecido por reconquistas recorrentes.

Francisco de Oliveira (2009) entende que a intervenção na Amazônia pode ser compreendida como uma reconquista, que carrega consigo a ideia de que "[...] descobrir significa revelar o desconhecido, o sem nome, sem forma e sem sujeitos" (OLIVEIRA, 2009). Para o autor, a lógica adotada pelo Estado brasileiro para ocupar a Amazônia se assemelha à dos europeus no século XVI, que argumentam que descobriram uma nova terra inabitada, sem dono, sem história, sem Deus. O europeu deu-se a si mesmo o *status* de demiurgo da nova sociedade conquistada.

Para esse autor, o processo de reconquista da Amazônia se caracteriza pela mesma lógica europeia. De forma que Sul e o Sudeste brasileiro, desde o regime militar, conceberam a Amazônia como uma área a ser ocupada e desenvolvida a partir de critérios estabelecidos por eles. Desse pensamento surgiram projetos nacionais como o da Rodovia Transamazônica, o da Zona França de Manaus, o de extração de minérios em certas regiões e, mais recentemente, o aproveitamento da área para o plantio de grãos no sistema do agronegócio internacional.

Para Oliveira (2009), reconquistar a Amazônia é novamente ocupá-la, desta vez a partir da lógica da acumulação primitiva do capital. Os projetos mencionados acima foram implantados e tinham a declarada intenção de explorar as riquezas da região sem garantir direitos à população tradicional. A intervenção na região não foi uma política para prover o desenvolvimento local, mas a exploração dos recursos locais era destinada e vinculada às necessidades de outras regiões do país. As decisões e as estratégicas de ocupação territorial da Amazônia foram planejadas em outras regiões.

As políticas econômicas do nacionalismo e do desenvolvimentismo, que se destacaram no Brasil da década de 1930 a 1960, sobretudo com Vagas e Kubitschek, balizaram a estrutura política econômica para a região amazônica. De acordo com Costa (2012), a própria construção de Brasília como a nova capital do país possibilitou a integração do Norte brasileiro ao mercado nacional e internacional.

Em ações subsequentes à política desenvolvimentista, os governos militares, sob o lema "integrar para não entregar", investiram na abertura das seguintes rodovias: (i) Rodovia BR-230 (comumente conhecida como Transamazônica), (ii) Rodovia BR-163 (que liga Santarém/PA a Cuiabá/MT), (iii) Rodovia BR-364 (ligando Cuiabá/MT a Porto Velho/RO e (iv) Rodovia BR-396 (que conecta Manaus/AM a Porto Velho/RO). A abertura desses eixos viários ligaria a região Norte ao Centro-Oeste, ao Sul e ao Sudeste do Brasil. Para os governos brasileiros, interligar a Amazônia Legal ao restante do país seria construir as condições necessárias para o desenvolvimento da região.

As políticas de desenvolvimento para a Amazônia foram estratégias de reconquistas periódicas do território. Percebe-se que a questão central é a manutenção do território amazônico integrado ao restante do território nacional. Não se quer questionar a soberania do Estado brasileiro sobre a Amazônia, pois ela deve ser assegurada, mas os métodos utilizados que geralmente marginalizam a população autóctone e negam os potenciais endógenos de desenvolvimento regional.

Alencastro (1987) aponta para o fato de que o autoritarismo estatal e a burocracia construídos desde a independência do território brasileiro da coroa portuguesa são estratégias políticas que mantiveram a unificação territorial. A elite brasileira encontrou no Estado e na burocracia forças para manter o domínio sobre o território sem grandes interferências de outras classes sociais. O autor afirma que:

> Desde a independência, as instituições colegiadas e as assembleias, tanto a assembleia nacional como as câmaras municipais e, em seguida, as assembleias provinciais, configuram-se como os lugares privilegiados de conciliação entre as diferentes oligarquias regionais. No decorrer de quase dois séculos de história nacional, passando por todas as ditaduras e pelos diversos regimes constitucionais, pelas guerras e pelas insurreições, o país não conheceu mais do que uma quinzena de anos de interrupção das atividades parlamentares. Poucos Estados contemporâneos e muito

poucos Estados do Terceiro Mundo possuem uma experiência parlamentar comparável à do Brasil. Acrescente-se logo, e já é o começo de uma explicação que este espaço político permanece profundamente elitista. Amordaçada por sua dependência em relação aos proprietários rurais, peneirada pela malha resistente das fazendas, a população rural não estava em condições de empreender ações concertadas em nível nacional. Esse esfarelamento da pressão popular favorece a emergência de uma intelligentsia empenhada em transformar a sociedade através do aparelho estatal, por cima das instâncias eletivas. Esboçam-se aqui os traços históricos originais que marcam o autoritarismo brasileiro: a prática de um jogo parlamentar restrito que permite a conciliação das elites, excluindo as camadas populares dos centros de decisão, e a existência no seio da administração pública de uma corrente que preconiza a modernização do país pela via autoritária. (ALENCASTRO, 1987, p. 69-70.).

O autor elucida que o estado autoritário e burocrático está atrelado aos interesses da elite nacional que domina o território e define as políticas nacionais sem o incômodo das classes populares. Alencastro defende que os bacharéis foram os mentores intelectuais do poder autoritário do Estado que mantinha a unidade do país, pois somente a elite brasileira seria capaz de pensar a extensão territorial como um todo. As classes populares se restringiam às questões locais sem grandes impactos sobre a unidade nacional. À classe dominante coube a tarefa de "[...] civilizar a população brasileira" (ALENCASTRO, 1987, p. 70).

O processo de "civilização" é a construção de uma ideologia dominadora que articula estratégias e cria mecanismos de dominação social. A ocupação territorial da Amazônia também é resultado do processo civilizador que concede ou retira a qualquer momento os direitos de cidadania dos grupos sociais. No Estado autoritário, a cidadania não é um direito conquistado, mas concedido pelo poder estatal. Em um contexto de domínio há necessidade de que novos setores marginalizados sejam continuamente criados ou conquistados.

A região amazônica, no processo histórico de formação do Estado brasileiro, é uma área marginalizada, mas que precisa ser reconquistada continuamente devido à importância do seu bioma e, mais recentemente, elucida-se o posicionamento geográfico como estratégico devido à proximidade com a América do Norte, com a Europa e com o norte da América do Sul e Caribe, regiões potencialmente conflituosas.

De acordo com Costa (2012), outras ações governamentais seguem a mesma lógica de intervenção-reconquista da região Norte. Então cabe referir programas de desenvolvimento como Projeto Rondon (1967), Zona Franca de Manaus (1967), Programa de Integração Nacional (PIN) I (1970) e o PIN II (1974), assim como os incentivos financeiros e fiscais viabilizados pela Superintendência do Desenvolvimento da Amazônia (SUDAM). Ainda para Costa, esses programas se configuraram como ações governamentais para reconquistar e manter o território amazônico.

Para Oliveira (2009) e para Costa (2012), o processo de ocupação territorial e o uso dos recursos naturais da região Amazônica se constituem como uma aproximação ao mercado nacional e ao internacional, que submeteu o espaço territorial do Norte aos interesses do capital e aos da elite brasileira.

Ao final do século XX, o agronegócio brasileiro ganhou força a nível internacional. Para atender às novas necessidades do mercado, o Brasil precisou ampliar a capacidade competitiva, o que significou abrir novas frentes de expansão do agronegócio. O alargamento da participação do país no mercado internacional mediante produtos agrícolas significou, para a região amazônica, uma nova intervenção política, econômica e territorial.

Castro (2001) considera que essa nova fase de ocupação da Amazônia traz consigo uma nova proposta, qual seja, o desenvolvimento regional, a ser conseguido a partir da ampliação das fronteiras do país e da valorização econômica da produção nacional. Entretanto, Oliveira (2009) diverge dessa compreensão, porque ele entente que a ocupação do Norte é um processo de exploração da capacidade produtiva e dos recursos naturais desconsiderando a possibilidade de estabelecer meios para emancipar a região.

Costa (2012) elucida que o "novo" projeto de reconquista da Amazônia, ao contrário dos anteriores projetos de conquista, traz consigo novos investimentos, sobretudo na infraestrutura para o escoamento da produção e interligação da região ao mercado nacional e internacional. No novo contexto há uma cooperação entre poder estatal e a inciativa privada. Ambos investem no transporte hidroviário com o objetivo de baratear os custos com a logística do escoamento da produção regional. O governo federal, mediante os Programas de Aceleração do Crescimento (PAC) I e II, previu o investimento de R$ 7,5 bilhões no sistema hidroviário do país. Na região Norte, os investimentos estão previstos para os portos de Itaqui e de Vila do Conde (no Maranhão) e de Bacarena e Santarém (no Pará). Recentemente, o governo municipal de Santarém, conjuntamente com a inciativa privada, discute a construção de dois novos portos para atender à demanda do agronegócio na região Oeste do Pará.

2.1 A expansão da soja no Brasil

A produção de soja no Brasil atende a duas finalidades. A primeira consiste na disposição de 90% do que é produzido para a fabricação de óleo e para a alimentação animal e os 10% restantes são reservados. Este último percentual corresponde a sementes destinadas à reprodução da oleaginosa.

Estudos apontam um crescimento significativo da produção de soja em território nacional. De acordo com os números apresentados pelo CONAB, o Brasil é o segundo maior produtor de soja do mundo. Na safra de 2013/2014, produziu-se 85,65 milhões de toneladas de soja em 30,13 milhões de hectares, sabendo-se que essa produção perde somente para os Estados Unidos, que, na mesma safra, produziu 89,50 milhões de toneladas em uma área de 30,703 milhões de hectares (EMBRAPA, 2014).

De acordo com Macedo e Nogueira (2005), a soja é uma cultura consolidada no Brasil. De acordo com esses autores, seria possível, no território nacional, ocupar ainda outros 100 milhões de hectares de terras disponíveis.

Dados históricos indicam que a introdução de soja em território brasileiro ocorreu entre o fim do século XIX e o início do século XX. Indicadores apontam que o primeiro registo da produção de soja é de 1882, quando, na Bahia, um professor da então Escola Agrícola da Bahia empreendeu estudos sobre a soja com o objetivo de difundir a cultura entre os produtores da região. No início do século XX, japoneses trouxeram consigo sementes e as cultivaram no estado de São Paulo (HASSE, 1996; CASTRILON FERNANDEZ, 2007).

Em uma fase posterior, a produção de soja chegou ao estado do Rio Grande do Sul. De acordo com Costa (2012), até a década de 1940 a produção de soja foi destinada exclusivamente à alimentação animal. Entretanto, o fim do segundo conflito mundial aumentou a demanda por óleo vegetal, fator que desencadeou a expansão da produção no país. De acordo com Castrilon Fernandez (2007), após a Segunda Guerra Mundial, a área cultivada no Rio Grande do Sul passou de 650 hectares em 1940 para 600 mil hectares em 1960. Depois, em 1980, se expandiu para 8 milhões de hectares, alterando significativamente a agricultura na região. Em 1950, o Rio Grande do Sul concentrava 99% da produção de soja do Brasil. Depois e já expandida para os três estados sulinos, a mecanização da produção na década de 1970 permitiu o aumento da área de plantio (MUELLER; BUSTAMANTE, 2002).

Para Costa (2012), cinco fatores contribuíram para a expansão da monocultura da soja no Brasil: (i) a transferência e adaptação de espécies de soja foi possível devido à proximidade entre o ecossistema do Sul do Brasil e o dos Estados Unidos; (ii) os altos investimentos para a correção do solo, sobretudo para conter a acidez; (iii) os incentivos fiscais e os investimentos na produção de trigo favorecem a produção da soja, pois ela passou a ser plantada na mesma área intercalando com a produção de trigo, assim como aproveitou a estrutura de produção e colheita; (iv) a parceria estabelecida entre governo federal e governos estaduais viabilizou a criação de um parque industrial de máquinas, insumos e processamento da soja. A própria EMBRAPA empreendeu estudos para o melhoramento genético de espécies de soja; e por fim, (v) a experiência dos trabalhadores rurais com o trabalho mecanizado foi determinante para a expansão da soja.

Embora, a cultura da soja tenha encontrado incentivos no estado do Rio Grande do Sul, de acordo com Castrillon Fernandez (2007), a estrutura fundiária com pequenas propriedades impossibilitou maior avanço naquela região. Entretanto, a estrutura fundiária abriu caminhos para que novas áreas fossem incorporadas à produção, como nos estados do Paraná e Santa Catarina e, posteriormente, em outros estados.

Conforme a necessidade de novas áreas, o agronegócio avançava sobre as fronteiras dos estados do país. Juntamente com a ampliação da área produzida, surgiu também a urgência da construção de uma estrutura que atendesse às necessidades da produção agrícola. As mudanças iam ocorrendo de forma a alterar as dinâmicas dos novos espaços ocupados pela produção em grande escala.

A tabela a seguir permite observar a expansão da monocultura da soja nos estados da Federação brasileira. A maior produção da oleaginosa concentra-se na região Sul, produzindo 29.316,7 toneladas na safra correspondente ao período de 2013/2014. A região Norte, embora apresente uma pequena produção em relação a outras regiões, mostra que cresce a produtividade a cada nova safra.

MOVIMENTOS SOCIAIS: a contra-hegemonia ao processo de
expansão da monocultura da soja em Santarém/PA (2000-2010)

Tabela 1 – Comparativo de área, produtividade e produção de soja

REGIÃO/ UF	ÁREA (Em mil ha)			PRODUTIVIDADE (Em kg/ha)			PRODUÇÃO (Em mil t)		
	Safra 12/13 (a)	Safra 13/14 (b)	VAR. % (b/a)	Safra 12/13 (c)	Safra 13/14 (d)	VAR. % (d/c)	Safra 12/13 (e)	Safra 13/14 (f)	VAR. % (f/e)
NORTE	901,5	1.133,9	25,8	2.952	2.949	(0,1)	2.661,5	3.344,4	25,7
RR	12,0	18,0	50,0	2.800	3.120	11,4	33,6	56,2	67,3
RO	167,7	191,5	14,2	3.216	3.179	(1,2)	539,3	608,8	12,9
PA	172,2	177,5	3,1	3.207	3.107	(3,1)	552,2	551,5	(0,1)
TO	549,6	746,9	35,9	2.796	2.849	1,9	1.536,4	2.127,9	38,5
NORDESTE	2.414,3	2.602,2	7,8	2.193	2.520	14,9	5.294,8	6.557,3	23,8
MA	586,0	662,2	13,0	2.877	2.777	(3,5)	1.685,9	1.838,9	9,1
PI	546,4	627,3	14,8	1.678	2.374	41,5	916,9	1.489,2	62,4
BA	1.281,9	1.312,7	2,4	2.100	2.460	17,1	2.692,0	3.229,2	20,0
CENTRO-OESTE	12.778,2	13.883,4	8,6	2.981	3.026	1,5	38.091,4	42.010,8	10,3
MT	7.818,2	8.615,7	10,2	3.010	3.135	4,2	23.532,8	27.010,2	14,8
MS	2.017,0	2.120,0	5,1	2.880	2.900	0,7	5.809,0	6.148,0	5,8

Continua...

Continuação

REGIÃO/ UF	ÁREA (Em mil ha)			PRODUTIVIDADE (Em kg/ha)			PRODUÇÃO (Em mil t)		
	Safra 12/13 (a)	Safra 13/14 (b)	VAR. % (b/a)	Safra 12/13 (c)	Safra 13/14 (d)	VAR. % (d/c)	Safra 12/13 (e)	Safra 13/14 (f)	VAR. % (f/e)
GO	2.888,0	3.075,7	6,5	2.965	2.808	(5,3)	8.562,9	8.636,6	0,9
DF	55,0	72,0	30,9	3.395	3.000	(11,6)	186,7	216,0	15,7
SUDESTE	**1.758,2**	**1.989,9**	**13,2**	**3.086**	**2.535**	**(17,9)**	**5.425,9**	**5.044,0**	**(7,0)**
MG	1.121,2	1.238,2	10,4	3.010	2.664	(11,5)	3.374,8	3.298,6	(2,3)
SP	637,0	751,7	18,0	3.220	2.322	(27,9)	2.051,1	1.745,4	(14,9)
SUL	**9.883,9**	**10.500,8**	**6,2**	**3.038**	**2.792**	**(8,1)**	**30.025,8**	**29.316,7**	**(2,4)**
PR	4.752,8	5.018,5	5,6	3.348	2.950	(11,9)	15.912,4	14.804,6	(7,0)
SC	512,5	542,7	5,9	3.080	3.030	(1,6)	1.578,5	1.644,4	4,2
RS	4.618,6	4.939,6	7,0	2.714	2.605	(4,0)	12.534,9	12.867,7	2,7
NORTE/ NORDESTE	**3.315,8**	**3.736,1**	**12,7**	**2.400**	**2.650**	**10,5**	**7.956,3**	**9.901,7**	**24,5**
CENTRO-SUL	**24.420,3**	**26.374,1**	**8,0**	**3.012**	**2.896**	**(3,8)**	**73.543,1**	**76.371,5**	**3,8**
BRASIL	**27.736,1**	**30.110,2**	**8,6**	**2.938**	**2.865**	**(2,5)**	**81.499,4**	**86.273,2**	**5,9**

Fonte: CONAB, 2013.

Ao final da década de 1980, a produção de soja se caracterizou por ocupar as áreas do cerrado brasileiro, sobretudo nos estados de Goiás, Mato Grosso do Sul, Mato Grosso, Minas Gerais e Bahia. A partir da década de 1990, a cultura da soja avança para a fronteira da Amazônia Legal. Esse novo ciclo de expansão da soja é marcado pela ocupação das terras anteriormente destinadas à pecuária, mas o novo ciclo produtivo ocasionou a aceleração do desmatamento da floresta amazônica.

Castrillon Fernandez (2007) destaca três períodos no processo de expansão da monocultura da soja: (i) a concentração da produção no Sul do Brasil até o fim da década de 1960; (ii) entre 1970 a 1985 ocorreu o processo de modernização da agricultura e a formação do que o autor denomina de "complexos industriais"[4] – esse período se caracteriza por pesquisas para desenvolver espécies de soja adaptáveis às novas condições climáticas e de solo, por melhorias na infraestrutura rodoviária e hidroviária e, por fim, por políticas públicas de incentivos à migração do Sul do país para a Amazônia; e (iii) a partir de 1985 há uma corrida para a modernização da agricultura com a implementação de máquinas e o desenvolvimento de novas espécies adaptáveis às adversidades do solo e clima, assim consolidando a agricultura, que avançou à chamada região do cerrado e à região amazônica, ou seja, avançou ao Centro-Oeste e ao Norte. Essas mudanças viabilizaram economicamente a produção nestas novas áreas de plantio.

O avanço da cultura da soja pelo interior do Brasil tem ocasionado transformações significativas na estrutura do mundo rural brasileiro e, sobretudo, na fundiária e demográfica. Estudos realizados pelo Instituto Brasileiro de Geografia e Estatística (IBGE) apontam que há um aumento na concentração de terra.

---

4 É o conjunto de indústria que se especializa na produção de soja. As indústrias não estão necessariamente ligadas ao processo de produção, mas fornecem mercadorias vinculadas à atividade produtiva, como: tratores, insumos, sementes, corretivo para o solo, defensivos agrícolas. Esse conglomerado industrial compõe os complexos industriais.

A concentração resulta da necessidade de grandes extensões de terras para o novo agronegócio.

Assim, embora a Amazônia seja vista com uma área de terras infindáveis, há, historicamente, registros de disputas por território e, mais recentemente, com a expansão do novo agronegócio, novas formas de apropriação e uso do território passaram a fazer parte do cotidiano da região e provocaram novos conflitos fundiários.

2.2 A produção de soja na Amazônia

Embora o processo de expansão da fronteira agrícola seja entendido como uma política de ocupação territorial, é necessário expor que ele está imerso nas políticas econômicas de desenvolvimento do país. As atividades agrícolas e pecuárias são planejadas para atender, prioritariamente, às necessidades do mercado internacional. As negociações internas são somente uma possibilidade de mercado.

A ocupação e exploração dos recursos das terras do estado do Pará ocorrem desde os grandes projetos do governo militar brasileiro. Entretanto, uma estrutura que viabilizasse o transporte e a circulação na região era necessária, mas essa não foi construída, embora a Rodovia Transamazônica tenha sido uma tentativa (SAUER, 2005).

É, entretanto, importante observar que, na última década, os conflitos fundiários se acirraram na região, sobretudo nas áreas em que há grande produção de soja.

De acordo com Gama; Alencar et al. (2006), o que ocasionou os grandes conflitos deste início de século na Amazônia foi a "apropriação generalizada" de terras públicas por parte do setor privado da sociedade. Mesmo assim, a questão mais enfática estaria novamente no processo de ocupação da região, processo realizado mediante grandes investimentos em infraestrutura com recursos provindos do governo federal e também de empresas multinacionais vinculadas à produção de grãos.

Para os autores, os grupos privados, apoiados e financiados pelo governo transgridem tanto a legislação fundiária como a ambiental na região. Esses atos desembocam em atividades ilícitas de apropriação de recursos e uso ilegal da terra.

É necessário observar que a apropriação do bem público por vezes foi incentivada pelo próprio governo. Esse fato é notório quando o governo fornece subsídios e financiamentos ao setor privado com o objetivo de ocupar territorialmente a região amazônica.

A seguir observa-se a crítica feita pelos autores ao processo de ocupação da região e ao incentivo dado pelo governo brasileiro:

> Infelizmente, este processo de saque ao patrimônio público em prol do benefício privado foi por muitos anos incentivado pelas políticas de ocupação da região. Historicamente, o Estado, de certa forma, passou a permitir a legitimação e a legalização da grilagem de terras na Amazônia, tornando legal a aquisição de terras demarcadas ou compradas fraudulentamente, muitas delas já aquinhoadas com incentivos fiscais, reforçando a concessão de empréstimos e financiamentos a exemplo da SUDAM. (GAMA; ALENCAR et al., 2006, p. 8).

Percebe-se que o Estado, na concepção desses autores, passou inclusive a legitimar e a legalizar a grilagem de terra na região amazônica. Inclusive a SUDAM, concedeu empréstimos que legitimaram atos ilícitos de grilagem de terra.

Imerso nesta nova configuração política, o governo do Pará, na última década, tem investido e incentivado a produção de soja. Autores e dados estatísticos demonstram que o Pará foi o estado que mais cresceu em extensão territorial disponível para o plantio da soja na região Norte. Por isso ele passou a ocupar um lugar de importância no projeto de expansão do agronegócio. Numericamente, pode-se ver essa expansão no quadro a seguir.

Quadro 1 – relação de área e produção da soja na Amazônia entre os anos de 2003-2004

Estados	2003		2004			2003-2004	
	Área Plantada (Mil hectares)	Produção (Mil toneladas)	Área Plantada (mil hectares)	Produção (Mil toneladas)		Aumento da área plantada	Crescimento da produção
MT	4414	12966	5280	14518		20%	12%
MA	275	660	340	904		24%	37%
TO	153	378	253	652		66%	73%
RO	42	126	56	163		36%	29%
PA	15	43	35	99		130%	130%
AM	2	5	2	5		0%	5%
AC	0	0	0	0		0%	0%
AP	0	0	0	0		0%	0%
RR	0	0	12	26		-	-
TOTAL	4902	14179	5980	16369			

Fonte: IBGE – IPAM – Crescimento da área plantada de soja em hectare (mil) e produção de soja em tonelada (mil) nos estados da Amazônia.

É notável que, no Estado do Pará, cresceu a área de produção de soja somente nos anos 2003 e 2004. O crescimento se deu pelo fato de o governo estadual e governos de municípios darem incentivos aos produtores e, sobretudo, por determinar essa cultura como um dos carros-chefe da economia estadual. E, quando se relaciona o crescimento do Pará em relação aos outros estados da região Norte, pode-se observar que a produção de soja se concentra nessa unidade federativa.

De acordo com Gama e Alencar (2006), há uma relação comercial e mercadológica que determina a produção da soja e seu crescimento. Os autores afirmam:

> No caso da economia da soja, as influências da macroeconomia brasileira e do mercado externo têm influenciado diretamente na dinâmica de avanço da fronteira e grilagem de terras no Pará. Isso acontece, pois quanto mais favorável for o mercado externo para a exportação de produtos como a soja, mais capitalizado o produtor será. A tendência deste é procurar novas áreas para expandir seus investimentos. Quanto mais barata a terra mais atrativa fica para o produtor que procura investir em regiões onde a viabilidade de melhoria de infraestrutura no futuro possa tanto favorecer a valorização do seu investimento como também possibilitar a futura expansão de sua produção. Em geral as terras que reúnem estas características estão localizadas nas regiões de fronteira onde a União em geral é a dona absoluta, mas o Estado é pouco eficiente para aplicar políticas de ordenamento territorial e monitoramento da situação fundiária. Assim, estes produtores que investem em terras a baixo custo conseguem fechar o ciclo de enriquecimento à custa da apropriação de terras e recursos naturais públicos. Outros autores citam o fato de que ter terras mais baratas na região de fronteira também atrai pequenos investidores que não se adaptaram às novas tecnologias do agronegócio e foram obrigados a vender suas terras e partir para o Norte, onde as terras têm um custo menor. (GAMA; ALENCAR, 2006, p. 9).

Percebe-se que o processo de expansão da fronteira agrícola para o Pará é vinculado ao mercado nacional e internacional, pois, se há uma maior procura pelo produto a nível internacional, é necessário produzir mais, e, para produzir mais, no caso da soja, é necessária maior extensão territorial. E dois fatores contribuem para a entrada da monocultura da soja no Pará. Primeiro, o fato de a terra ter baixo custo faz com que o agricultor venda uma pequena extensão de terra no Sul do Brasil e compre uma grande extensão no Norte. Mas só isso não seria suficiente, pois é necessário que haja infraestrutura, tanto para produzir, como para escoar o produto, e a certeza de que o governo ou a iniciativa privada fará esse investimento ocasiona o crescimento da produção. Assim, portanto, produzir soja é uma decisão política e econômica.

A figura intervencionista do Estado data desde a década de 1970. A partir desse período, o governo nacional, através de políticas econômicas, define as formas de ocupação e de desenvolvimento das regiões, sobretudo daquelas em processo de desenvolvimento, como é caso da região amazônica. Entretanto, é somente na década de 1990 que se observará claramente o avanço na produção da soja. No gráfico abaixo podemos analisar a elevação ocorrida no período supracitado.

Gráfico 2 – Crescimento da produção de soja, em mil toneladas, na Amazônia Legal entre os anos de 1976 – 2009

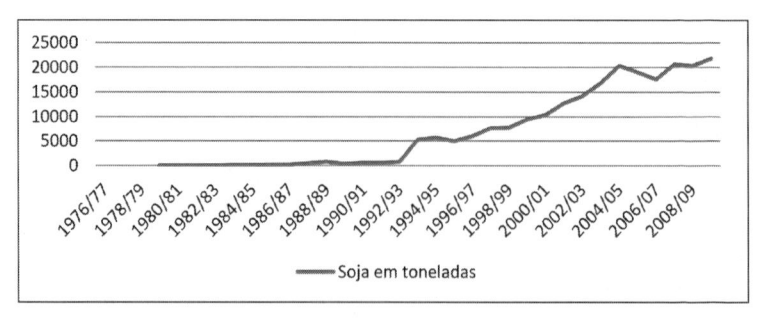

Fonte: CONAB (2012).

O Estado do Pará, ao final da década de 1990 e início dos anos 2000, engrossou esse número significativamente, pois sua entrada no caminho da soja marca definitivamente o aumento da produção desse grão na região amazônica, conjuntamente com o estado do Mato Grosso.

De acordo com Costa (2012), até os anos de 1990 somente quatro estados da Amazônia Legal produziam efetivamente soja: Tocantins, Maranhão, Mato Grosso e Rondônia, mas a partir dos primeiros anos do século XXI somente o Estado do Amapá não produziu soja. A introdução efetiva do plantio da soja no Pará se deu a partir da década de 1990. E uma das primeiras medidas tomadas foi, com o auxílio da EMBRAPA, produzir uma espécie de soja que se adaptasse às condições climáticas e ao solo da região. O resultado dessa pesquisa preliminar estabeleceu a possibilidade de sucesso no plantio do grão nas condições edafoclimáticas da Amazônia Legal.

Costa (2012) apresenta brevemente o resultado desses estudos. Para tanto a autora faz uma comparação entre as áreas de Paragominas e Santarém, ambas no estado do Pará, sendo que a primeira, nos três anos de experimento (1997-1999), apresentou um rendimento de 3,0 t/ha, enquanto Santarém apresentou 3,4 t/ha. Esse resultado transformou Santarém em um espaço para onde a grande expansão da soja ocorreria.

Assim, portanto, a expansão da soja para a região amazônica, especificamente para o estado do Pará, é consequência de decisões políticas e econômicas, do processo de ocupação territorial, e, sobretudo, da possibilidade, constatada através de pesquisas, da produção de soja em alta escala.

Entretanto, percebe-se a seguir que o processo de expansão da fronteira agrícola para Santarém e região ocasionou certa tensão social, porque diversos grupos estiveram envolvidos no projeto expansionista. De um lado, os representantes do agronegócio observaram a região como uma possibilidade do avanço da fronteira sem impedimentos e com a eventualidade de adquirir grandes dimensões de terra a baixo custo. Por outro lado, os movimentos sociais verificaram que a ação expansionista ocasionaria à região sérios prejuízos ambientais e alteraria a ocupação territorial. As duas concepções distintas desencadearam um conflito social.

2.3 O processo de ocupação do Baixo Amazonas

A região do Baixo Amazonas, uma mesorregião do Pará, que corresponde a 13 (treze) municípios: Alenquer, Almeirim, Belterra, Curuá, Faro, Juriti, Monte Alegre, Óbidos, Oriximiná, Prainha, Santarém, Mojuí dos Campos e Terra Santa. Esse grupo de municípios compõe uma área de aproximadamente 317.273,50 km² com baixo índice demográfico, pois contabiliza somente 678.936 habitantes. Do universo populacional, 39,9% (trinta e nove por cento) vive na zona rural, produzindo a subsistência em solo arenoso da região. No espaço territorial estão assentados 40 (quarenta) grupos étnicos, sendo 20 comunidades indígenas e 20 comunidades quilombolas[5].

A história da região está atrelada ao processo de colonização realizado pela coroa portuguesa. Inclusive os antigos moradores da região foram catequizados pela Companhia de Jesus. Observa-se, na arquitetura antiga das cidades, a semelhança com os prédios europeus dos séculos XVII e XVIII.

Leroy (1991) aponta o transporte hidroviário como a característica marcante da região do Baixo Amazonas. Entrando, os rios transbordam a ideia utilitarista, pois eles determinam a organização social e produtiva dos grupos alocados em suas margens. Dois conceitos são apontados pelo autor: o de "várzea" e o de terra firme. O primeiro corresponde às áreas que são periodicamente alagadas pelas enchentes e essa realidade determina os ciclos produtivos, pois nas épocas de cheia não há espaço para produção agrícola.

A "terra firme" corresponde à área não atingida pelas enchentes anuais. Nela há o desenvolvimento da agricultura sem a interferência das águas dos diversos rios que cortam a região. Na "terra firme" encontra-se o planalto santareno, onde, em tempos de cheias, o espaço é apropriado para a prática da pecuária. Nessa érea de "terra firme" a monocultura da soja encontrou espaço e condições para expansão.

---

5   Dados encontrados no Sistema de Informações Territoriais.

Para Almeida (1974), o processo de ocupação do Baixo Amazonas esteve estruturado sob o modelo de territorialização colonial com o intuito da exploração dos recursos da região. Para tanto, houve ausência de políticas para o desenvolvimento regional. Para o autor, esse período foi marcado com a edificação de "fortes militares" e a expansão das missões religiosas. Núcleos comunitários foram estabelecidos no Baixo Amazonas para a prática do extrativismo.

Ao fim do século XVIII e início do século XIX, sobretudo devido ao primeiro grande conflito mundial, houve um grande ciclo migratório para a região do Baixo Amazonas, conhecido como o Ciclo da Borracha, ciclo que, posteriormente, declinaria, embora a expansão migratória tenha continuado até meados da década de 1960 (ALMEIDA, 1974). Até esse período os migrantes eram, sobretudo, da região Nordeste do país. As diversas secas entre os anos de 1919 e 1959 no Nordeste impulsionaram a migração para a região. Entretanto, a "Marcha para o Oeste", política desenvolvida por Getúlio Vargas durante o Estado Novo, contribuiu para o aumento da migração de populações sulinas para o Norte do Brasil.

Posteriormente, a partir da década de 1970, um novo e modificado ciclo migratório se iniciou. As construções, durante o regime militar, das rodovias Transamazônica e Cuiabá-Santarém abriram caminhos para novos desbravadores. Esse novo ciclo seguia uma nova estrutura de ocupação territorial, pois começaria um processo de colonização oficial e uma ocupação "planejada". O autor Almeida (1974) reconhece que foi nesse período que se iniciaram os conflitos decorrentes do uso e apropriação da terra, assim como também surgiram as primeiras organizações de trabalhadores rurais.

A oficialização da colonização do Baixo Amazonas pode ser reconhecida nos projetos de ocupação territorial como o Projeto Integrado de Colonização (PIC), que foi implantado pelo INCRA. Para Almeida (1974), a abertura das rodovias facilitou o acesso à região, e novos migrantes passaram a ocupar espaços vazios do território. Dados apontam que os novos migrantes vinham dos estados do Rio Grande do Sul e do Paraná e se instalavam às margens das rodovias.

Para Leroy, como mencionamos anteriormente, a modificação na estrutura fundiária nos estados do Sul do país forçou o movimento migratório para a Amazônia Legal. Devido à diminuição das pequenas propriedades e da elevação dos preços das terras ao Sul, os pequenos proprietários, geralmente descentes de alemães, italianos e poloneses, foram forçados a migrar para outras regiões (LEROY, 1991).

Para esse autor houve dois tipos de migração para a região: a oficial e a espontânea. A migração oficial foi representada pelos assentamentos do INCRA e pelos projetos de colonização oficial. A migração espontânea foi dirigida, sobretudo, por migrantes do Maranhão. Segundo ele, a maior desistência foi entre os migrantes oficialmente reconhecidos pelo governo. Posteriormente a Superintendência de Desenvolvimento da Amazônia (SUDAM) incentivaria a ocupação através do capital empresarial. Em seguida, em 1975, ela aprovou e subsidiou 89 (oitenta e nove) projetos agrícolas e pecuários na região (LEROY, 1991).

O autor elucida que o Estado cooperou para que o capital empresarial, a partir do fracasso da colonização oficial, ganhasse força para ocupar o território do Baixo Amazonas. Com o apoio do Estado e com os incentivos fiscais oferecidos às empresas, houve investimentos em projetos de extrativismo, de agricultura, de mineração, de pecuária e, mais recentemente, da agroindústria.

Anteriormente, mencionou-se que um dos problemas encontrados pelos migrantes foi a falta da titulação das terras concedidas pelo Estado. Entretanto, as empresas logo buscaram a regulamentação das terras por elas ocupadas. Leroy (1991) expõe que, a partir desse momento, se iniciou a colonização do território amazônico por meio de empresas privadas. O autor denomina esse processo de ocupação privada. A nova alteração na dinâmica de ocupação fez com que o Estado abandonasse os migrantes que anteriormente tinham sido convidados e incentivados por órgãos representantes do Estado brasileiro.

O autor ainda ilustra que o capital privado, para participar do processo de ocupação territorial, impôs que lhe fosse garantida a regulamentação da terra que ele ocuparia. O incentivo e a valorização da ocupação privada ocasionaram aos migrantes a redução dos recursos que antes lhes eram destinados. Aqueles que não deixaram a região tiveram que reinventar estratégias de sobrevivência sem o auxílio do Estado.

Para o cumprimento da política de ocupação da Amazônia durante o período militar (1964-1985) foram fundadas instituições que concedessem crédito ou financiassem projetos, a exemplo do Banco da Amazônia. Também o INCRA e a SUDAM tiveram efetiva participação na implementação dos projetos de interiorização e de integração da Amazônia.

Martins (1984) interpretou o processo de federalização de terras ocorrido após 1974 como uma abertura da região ao capital, porque os latifúndios foram retirados das mãos dos grupos de controle local e foram entregues ao capital privado. Essas mudanças implicaram mudanças sociais, pois

> As áreas prioritariamente destinadas à ocupação por pequenos produtores foram ampliadas; a espontaneidade da ocupação extravasou os travessões, as estradas vicinais, ampliando a área do projeto de colonização. Ao lado das agrovilas e agrópolis planejadas surgiram novos núcleos, agora de caráter espontâneo. (FUNAGRI; EMBRAPA, 2006, p. 21).

Percebe-se que as políticas de ocupação para a Amazônia vão se conformando aos acertos e aos erros. A ideia inicial do governo foi criar uma estrutura fundiária que inibisse possíveis conflitos decorrentes da questão da terra. Entretanto, a entrada do capital privado juntamente com a legalização de latifúndios obrigou os pequenos produtores a migraram ao interior do território.

A nova configuração fundiária propiciou também que os produtores rurais formassem suas primeiras organizações sociais, que se transformaram nos Sindicatos de Trabalhadores Rurais. Leroy (1991) elucida que o objetivo das organizações dos trabalhadores rurais era quebrar as relações de dependência estabelecidas com o governo. Para o autor, os trabalhadores, a partir dessas mudanças, passaram a construir a própria história na região amazônica.

Anteriormente, a partir do conceito de "desterritorialização", menciona-se o processo ideológico de desvincular o trabalhador do próprio território. No novo processo, nele se pode perceber o inverso, pois os migrantes trazidos e incentivados pelo governo, ao final do processo foram deixados à sua própria sorte. Mostra-se aí, a partir da organização social, um processo de "territorialização".

É desse período que datam as primeiras agrovilas na região, a exemplo de Boa Esperança, uma das comunidades pesquisadas, que foi uma agrovila formada por migrantes nordestinos, notoriamente provindos do estado do Ceará, e também por migrantes do estado do Rio Grande do Sul.

De acordo com os moradores, por anos a comunidade foi povoada pelos dois grupos. E ainda hoje a estrutura cultural do local é baseada em aspectos culturais das duas regiões do Brasil, como a festa junina, comumente festejada no Nordeste brasileiro e a tradicional festa da integração gaúcha, que anualmente ocorre na comunidade, inclusive dois times de futebol existentes na localidade levam os nomes de Grêmio e Internacional.

O processo migratório cresceu durante as décadas de 1980 e 1990, e, ao início dos anos 2000, um novo surto migratório ocorreu. Dados do senso do IBGE de 2010 apontam que aproximadamente 57 (cinquenta e sete) mil pessoas migraram somente para a cidade de Santarém no estado do Pará. O incentivo do governo e a promessa da viabilização da estrutura logística para o escoamento da produção impulsionaram a migração de produtores de soja para a localidade. O novo ciclo migratório provocou mudanças no processo de ocupação do território e novos conflitos surgiram.

2.4 A produção de soja no Baixo Amazonas

O governo do estado do Pará foi o grande incentivador do projeto de produção de soja no Baixo Amazonas. Há relatos que apontam que o então prefeito responsável do município de Santarém, entre os anos de 1996 a 2004, realizou diversas viagens à região Sul do Brasil e ao Mato Grosso para incentivar a migração de produtores de soja à cidade de Santarém.

O governo do estado estabeleceu, no ano de 1996, o Polo Agroindustrial, com a promessa de que iria fazer os estudos necessários para verificar a viabilidade da produção de soja. De acordo com dossiê elaborado pela Comissão da Pastoral da Terra, da Diocese de Santarém (CPT, 2004), após a implantação do polo, uma empresa especializada em agricultura empresarial foi contratada para proceder aos estudos necessários para verificar a viabilidade da produção de soja no planalto Santareno. Deu-se o nome ao projeto de "Soja em Santarém". Logo um projeto experimental foi estabelecido no planalto de Santarém, mais precisamente na Rodovia Santarém – Curua-Úna. O relatório inicial dos estudos constatou o potencial produtivo da região e, de posse dos resultados preliminares, o então prefeito municipal proferiu este discurso:

> A única solução era atrair produtores de outras regiões para investir no município. A conclusão dos estudos do PRIMAZ realizado numa parceria entre a Prefeitura e a Companhia de Pesquisa de Recursos Minerais (CPRM) e também, da primeira etapa do nosso zoneamento agroecológico, feito em parceria com a EMBRAPA, nos forneceu os subsídios necessários para divulgar as potencialidades do município. De posse desses valiosos estudos, realizamos várias visitas ao Estado do Mato Grosso, bem como a outros centros produtores do país, para a divulgação do potencial agrícola do município. Logo após a visita passamos a receber diversas caravanas de produtores desses locais. (JONAL IMPACTO, 2004, p. 23).

Percebe-se o incentivo para que migrantes do Mato Grosso e do Sul do Brasil vejam a cidade de Santarém/Pa como um polo em potencial para a expansão da produção de soja. É notório que o administrador local, de posse dos estudos, fez uma peregrinação nas regiões produtoras de soja do Brasil para demonstrar o potencial do município. É perceptível também que os produtores mostraram interesse em migrar para a cidade, pois, de acordo com discurso, diversas caravanas de produtores chegavam à cidade para fazer o reconhecimento do potencial agrícola do território.

O prefeito teve a preocupação de, no discurso, elucidar que a primeira etapa do zoneamento agroecológico foi executada. Possivelmente a intenção do gestor seria esclarecer que a expansão da soja para o território de Santarém ocorreria dentro dos padrões ecológicos desejáveis. Mas os novos movimentos sociais relacionados a ocupação territorial e aos novos modos de uso dos recursos naturais fizeram críticas ao projeto expansionista da monocultura da oleaginosa.

O minucioso estudo sobre a capacidade produtiva foi indispensável para a adoção da política do incentivo migratório. O resultado demonstrou que seria mais viável produzir soja em Santarém do que no estado do Maranhão, onde já se tinha iniciado a monocultura, e onde somente uma espécie, das diversas existentes, teve maior produtividade. O relatório concluiu que a região de Santarém tem condições seguras de produzir soja com os mesmos índices de lucratividade das regiões que são reconhecidas pela produção de soja.

A partir da conclusão das visitas a outras regiões, em outro discurso, um dos agentes do projeto de expansão da soja afirmou:

> Fiquei impressionado com o que vi, os produtores do Mato Grosso não têm dúvidas de que Santarém será o maior exportador de grãos do Pará, da região Norte e do Brasil. A afirmação é do gerente do Banco do Brasil em Santarém, César Carneiro, que participou de 18 a 22 deste mês, de uma série de reuniões nos municípios de Sorriso, Sinop, Nova Mutum e Lucas do Rio Verde. Ele voltou do Mato Grosso entusiasmado com o interesse demonstrado pelos grandes produtores de vir para Santarém investir na produção de soja. "Eles já mostraram que a soja é uma cultura promissora, tanto que a cidade de Sorriso é uma organização e um desenvolvimento econômico exemplar. Lá não se vê gente pedindo esmola, as casas são verdadeiras mansões, quase todo mundo tem carro novo. Então, penso que Santarém pode muito bem ficar desse jeito, desenvolvida e próspera", enfatiza César Carneiro. (JORNAL IMPACTO, 1999, p. 26).

A expansão da monocultura da soja para Santarém parecia ser um fato consumado. O discurso do gerente do referido banco aponta a cultura da soja como a responsável pelo desenvolvimento econômico e social da cidade de Sorriso/MT. Ele enfatiza que a entrada da produção de soja em Santarém poderia desencadear o processo de desenvolvimento do munícipio. O discurso em si é otimista e não vislumbra nenhum problema social ou ambiental por meio do cultivo da oleaginosa.

A lógica do discurso é alicerçada na ideia de que a soja promove o desenvolvimento econômico e social do espaço ocupado. Nessa lógica, portanto, assim como os municípios do estado do Mato Grosso se desenvolveram em decorrência da produção de soja, Santarém também se desenvolveria.

Não tardou e os primeiros sojicultores começaram a chegar à cidade. A princípio eles encontraram terras que lhes foram arrendadas e compraram alguns lotes ao longo das rodovias, como a Rodovia PA-370 e a Rodovia BR-164. Entre os anos de 1997 e 2000, o valor médio do hectare de terra era de R$ 250,00 (duzentos e cinquenta reais). Putty (2007) aponta que as primeiras plantações não eram de soja, mas de milho e arroz. Para o autor, isso ocorre porque a introdução das culturas anteriormente mencionadas permite

> [...] a preparação total do solo para o cultivo mecanizado em terrenos que ainda não estejam totalmente limpos dos restos das florestas. Ambas essas culturas apresentam um custo menor de produção, assim como, requerem uma menor extensão de terra. Dessa forma, o milho e o arroz acabam financiando também o cultivo da soja, uma vez que essas culturas "amansam" o solo através do aplainamento exigido pelo tipo de mecanização associadas "às reduzidas proporções da própria planta de soja, quando garantem a capitalização para o investimento em maior escala por parte dos médios produtores" (PUTY, 2007, p. 242).

A produção de soja segue um ritual preestabelecido e dispendioso. Para o autor, as culturas de milho e de arroz que precederam a produção de soja criaram as condições necessárias para que a nova cultura fosse introduzida. Além disso, o estabelecimento da soja foi precedido por dois momentos.

O primeiro momento consistiu no preparo da terra, executado pela atividade mecanizada que o autor denomina de processo para "amansar" a terra. Ao mesmo tempo em que a terra estava sendo "amansada", os produtores buscaram financiamento/investimento para a etapa posterior, ou seja, a verdadeira introdução da soja em solo Santarém. O Banco da Amazônia se consolidou como a instituição financiadora do agronegócio em Santarém, fazendo-o mediante o Fundo Constitucional de Financiamento do Norte (FNO).

Dados estatísticos demonstram que, a partir do ano de 2003, houve um crescimento na área plantada em 6 (seis) municípios do Baixo Amazonas: Alenquer, Belterra, Curuá, Monte Alegre, Placa e Santarém. Os municípios de Belterra e de Santarém apresentaram um alto índice de crescimento fomentado pelo incentivo dos gestores das cidades, pela terra barata e pela localização, pois estão à margem da BR 163, garantido o rápido escoamento da produção.

A tabela a seguir demonstra numericamente o aumento da produção de soja em municípios do estado do Pará.

Tabela 2 – A distribuição da produção de soja em municípios do Pará

Municípios	Toneladas	%
Santarém	29.700	30
Santana do Araguaia	18.000	18
Belterra	13.500	14
Ulianópolis	11.570	12
Paragominas	9.777	10
Dom Eliseu	6.600	7
Outros municípios paraenses	10.290	9
Total	99.437	100

Fonte: IBGE, Produção Agrícola Municipal, 2004.

Tanto Belterra como Santarém são as cidades onde houve um alto índice de aumento da área destinada à produção de soja, com destaque também para Santana do Araguaia. É notória também a concentração da produção nos dois territórios. De acordo com Puty (2007), além dos incentivos assegurados pelos municípios e, posteriormente, pelo Banco da Amazônia, a construção do Porto da Cargill, que iniciou em 2003, foi determinante para que a produção da soja se concentrasse nos territórios de Santarém e Belterra, sobretudo devido ao fato de essas áreas destinadas à produção estarem próximas ao ponto de escoamento.

Após a implantação do porto da Cargill, em Santarém fato que garantiu a logística que faltava à região, grandes produtores migraram para a nova fronteira agrícola da soja. A partir desse período iniciou-se um novo período de expansão. De acordo com o relatório da CPT, áreas mais distantes do centro urbano do município foram alvo do avanço da soja. Para os agentes da CPT, nessa nova fase começou a ocorrer o comércio ilegal "escancarado" de terras. O conflito fundiário se instaurou na região e famílias de trabalhadores rurais foram obrigadas a se retirar das suas terras. Isso forçou a migração para a zona urbana de Santarém ou para áreas mais distantes e com pouca estrutura para mobilidade e para o escoamento da produção familiar.

Diversas estratégias para a consolidação da expansão da soja no Baixo Amazonas foram utilizadas. Entretanto, duas questões são inquietantes. A primeira diz respeito à estratégia de incentivo e apoio dado pelos municípios e pelas instituições financiadoras à expansão da soja. A segunda corresponde a forma como o projeto se instaurou desabrigando tradicionais trabalhadores rurais nativos e forçando-os à venda das terras. A justificativa se apresentava mediante um discurso desenvolvimentista que prometia o desenvolvimento social e econômico do município. Essas são questões que estão no bojo do novo ciclo de ocupação da Amazônia e elas trazem consigo controvérsias e contradições que precisam ser analisadas e discutidas.

CAPÍTULO 3
PERCURSOS METODOLÓGICOS

Definir o método é orientar-se por percursos que possam conduzir a possíveis resultados advindos da pesquisa cientifica sobre um objeto de estudo. Esta pesquisa se apropriou dos princípios metodológicos utilizados pelas Ciências Sociais, sobretudo os referentes à pesquisa qualitativa, pois foram esses os princípios que nortearam as diversas análises do objeto estudado.

Para atender ao objetivo do trabalho, desenvolveu-se uma pesquisa identificada como exploratória. Trata-se de um tipo de pesquisa na qual se faz o levantamento da produção bibliográfica existente sobre o tema, além de buscar informações diretas com atores sociais mediante entrevistas, no caso entrevistas com produtores rurais e com produtores de soja na região de Santarém, especificamente nas comunidades de Santa Rosa e Boa Esperança, localizadas nos quilômetros 30 e 43, respectivamente, da Rodovia PA-370.

A pesquisa exploratória foi realizada em vários locais: (i) na biblioteca da Universidade Federal do Oeste do Pará (UFOPA), (ii) nos arquivos digitais da Coordenação de Aperfeiçoamento de Pessoal de Nível Superior (CAPES), (iii) em *sites* de agências de pesquisa, como o *site* da Empresa Brasileira de Pesquisa Agropecuária (EMBRAPA), (iv) na base de dados digital da Associação Brasileira das Indústrias de Óleo Vegetais (ABIOVE), (v) na Comissão da Pastoral da Terra da Diocese de Santarém (que disponibilizou um dossiê elaborado no ano de 2010 — nesse documento constam fontes importantes para a pesquisa, como relatórios e denúncias sobre a expansão da monocultura da soja para Santarém) e (vi) artigos científicos foram catalogados no banco de dados da plataforma Scielo.

A pesquisa resultou em 57 (cinquenta e sete) artigos científicos que versam sobre a expansão do agronegócio no Brasil e sua chegada à região amazônica. Também foram encontradas três teses que abordam a produção de grãos na Amazônia e o processo de controle do território, mais uma dissertação sobre a soja na Amazônia e as alterações na dinâmica da região. Essa produção científica contribuiu para a compreensão do contexto e das estratégias de expansão da produção de soja e os modos de ocupação do território nacional. Esses elementos elucidaram a existência de um conflito social decorrente da produção de soja em Santarém. Notou-se que há poucos estudos sobre o conflito social decorrente do processo de expansão. Possivelmente dois motivos ocasionam a carência de estudos. O primeiro motivo vincula-se à questão temporal. Os eventos ocorridos na década passada na região ainda estão se desdobrando e há poucas informações sobre eles. O segundo motivo está atrelado aos interesses das pesquisas sobre temas da região Norte do país, que geralmente estão atreladas às questões da microbiologia, da limnologia e da biotecnologia. A universidade Federal do Oeste do Pará (UFOPA), notoriamente, esforça-se para desenvolver pesquisas nas áreas citadas acima, mas as pesquisas sobre as questões sociais carecem de atenção. Existem estudos iniciais em cursos de graduação na área das Ciências Humanas.

 Na pesquisa de campo coletaram-se dados primários. Como acima informado, visitas foram realizadas às comunidades de Santa Rosa e Boa Esperança, localizadas na Rodovia PA-370, sabendo--se que essa via conecta a cidade de Santarém à Hidrelétrica de Curua-Úna, usina que supre 70% da demanda energética da cidade.

 Nessas mesmas ocasiões foram visitadas duas fazendas que produzem soja em alta escala. As visitas começaram no mês de dezembro de 2014, quando os produtores estavam preparando a área para o plantio e encerrou em junho de 2015, com a colheita da soja. Nessa região, em seguida à safra da soja há o plantio de milho. Essas visitas tiveram como propósito conhecer as áreas de plantio de soja e as alterações desencadeadas na região. Nas vistas houve diversos diálogos informais sobre o cultivo da soja em Santarém. Vivenciados esses contatos todos, somente então foram realizadas as oito entrevistas em profundidade já antes anunciadas. Foram quatro com produtores rurais tradicionais e representantes dos movimentos sociais e outras quatro com produtores de soja que migraram para Santarém.

As primeiras quatro entrevistas foram realizadas sem dificuldades. Os produtores rurais ou representantes dos movimentos sociais estiveram dispostos a conceder informações para a realização da pesquisa.

Entretanto, no caso das últimas quatro entrevistas realizadas com produtores de soja, apenas um produtor foi solicito e não hesitou em fornecer informações. Os demais entrevistados mostraram-se muito cautelosos a conceder entrevistas. Uns afirmavam que só poderiam dialogar com a autorização do presidente do sindicato dos produtores de soja. Dois produtores permitiram a visita às suas fazendas, mas não se dispuseram a conceder entrevistas, embora as conversas informais nas fazendas tenham sido ricas de informações.

O presidente do sindicato foi procurado, mas não se dispôs a conceder entrevista, alegando falta de tempo. O ex-presidente do sindicato dos produtores de soja, após diversas tentativas, concedeu uma longa entrevista. Nela explicou o processo de ocupação territorial da Amazônia pelos sojicultures. Elucidou as vantagens da produção para região. Ao final foi solícito.

Por fim, cabe informar que foi possível realizar também as outras pesquisas em fontes primárias, especificamente notícias jornalísticas entre os anos de 2000 a 2010 em jornais da cidade de Santarém. No Jornal Gazeta de Santarém foram encontradas 43 matérias sobre a chegada da cultura da soja à região. No Jornal O Impacto foram catalogadas 39 matérias que versam sobre o início da produção de soja e a tensão ocasionada pela expansão dessa monocultura.

3.1 Tipo de pesquisa

Para o desenvolvimento da pesquisa foi realizada uma revisão bibliográfica sobre o tema com o intuito de compreender a discussão e o debate sobre a expansão da fronteira agrícola para Santarém. Nesse trabalho de revisão foi possível a apropriação dos critérios próprios para uma pesquisa qualitativa, critérios que foram então aplicados para fazer uma análise do objeto em estudo (MEZZABORA; MONTEIRO, 2004).

A realidade social é resultado do processo de compreensão do ser humano. O sujeito é capaz de construir conceitos, significados e símbolos que o conectam com a sociedade. A pesquisa qualitativa busca então compreender essas relações que os homens estabelecem com os espaços sociais. De acordo com Minayo, "[...] o ser humano se distingue não só por agir, mas por pensar sobre o que faz e por interpretar suas ações dentro e a partir da realidade vivida e partilhada com seus semelhantes" (MINAYO, 2011, p. 21).

No estudo realizado sobre os conflitos sociais ocasionados pelo processo de expansão da monocultura da soja para região de Santarém, a pesquisa seguiu, assim, os critérios de uma pesquisa qualitativa e exploratória, na qual se buscou compreender as percepções dos atores sociais envolvidos nos conflitos decorrentes da expansão do novo agronegócio.

Para Triviños (1987), a pesquisa qualitativa se caracteriza pela compreensão do processo e não do produto. Tal atividade é, portanto, um modelo de pesquisa marcado pela subjetividade tanto dos sujeitos como do próprio pesquisador, embora o último tenha que buscar a imparcialidade, para que seu trabalho científico tenha o reconhecimento dos pares.

3.2 O método

O método indutivo foi utilizado para a realização dessa pesquisa. A observação, registro e a análise/verificação das ações sociais se caracterizam como etapas do método (BERGAMIM;

HEMPE, 2011). Portanto, a partir das observações dessas ações estabeleceram-se generalizações sobre o objeto estudado.

3.3 Coleta de dados

Os dados foram coletados por meio da pesquisa de campo que se sucedeu em duas fases:

I) Visita às comunidades de Santa Rosa e Boa Esperança para observar a dinâmica da produção de soja e as alterações na dinâmica social das comunidades mencionadas. Das visitas resultou um diário de campo, com estrutura de um estudo etnográfico.

II) Com base nos resultados da etapa anterior, foram então realizadas as entrevistas em profundidade com os representantes dos movimentos sociais, produtores rurais tradicionais e com produtores de grãos, com o objetivo de compreender a percepção deles sobre os movimentos dos quais são partes constituintes. Essas entrevistas foram transcritas e analisadas.

Alguns grupos dentro do contexto social são mais importantes que outros. Isso foi percebido na realidade em estudo, tendo-se verificado a necessidade de que alguns sujeitos/grupos fossem prioritariamente em relação a outros sujeitos/grupos lá localizados ouvidos e compreendidos dentro do processo em que estão ou estavam inseridos. Assim, dos movimentos sociais, a Frente em Defesa da Amazônia (FDA) destacou-se como um ator social que teve a competência de reunir em torno de si outros grupos, como a Comissão da Pastoral da Terra da Diocese de Santarém. A FDA nasceu com o objetivo de debater e questionar as ações de ocupação territorial da Amazônia. Tornou-se um movimento importante, pois representou a sociedade civil organizada durante a tensão social ocasionada pela disputa do território. Após o período conflituoso, a organização social foi dissolvida. Antigos agentes da FDA se envolveram em novas questões, como as mobilizações contra os planos de construção de hidrelétricas na bacia do Rio Tapajós.

Foi então entrevistado o ex-presidente da FDA, que esteve envolvido no momento em que se instauram os conflitos com os representantes do novo agronegócio. O intuito das entrevistas foi compreender a posição assumida pelos representantes da FDA diante do processo de ocupação territorial ocorrido com a expansão da monocultura da soja para a região de Santarém.

O Sindicato dos Trabalhadores Rurais da região de Santarém teve um papel importante, tendo sido o grupo que se contrapôs ao processo de expansão da fronteira agrícola. Entender como os membros e os líderes do Sindicato compreendem o embate político ideológico que se travou diante do processo de expansão da soja era, portanto, também necessário.

O entrevistado representante da FDA foi solícito e concedeu uma entrevista de aproximadamente 1h20min (uma hora e vinte minutos). Trata-se de um sacerdote católico engajado socialmente, ex-diretor da Rádio Rural de Santarém, emissora mantida pela Diocese de Santarém. Durante o conflito, através dos editoriais semanais, o entrevistado fez fortes críticas à expansão da produção da soja para Santarém e estimulou os agricultores a não venderem suas terras aos sojicultores. Devido ao posicionamento crítico, no ano de 2006, através das redes sociais, foi ameaçado de morte.

No caso do sindicato dos trabalhadores rurais, foi realizada uma entrevista com o ex-presidente da entidade. A entrevistada tinha sido uma personagem importante na consolidação da chamada moratória da soja, e ainda hoje sofre ameaças de morte e tem sua segurança assegurada por guarda policial. Atualmente ela exerce o segundo mandato de vereadora na cidade de Santarém e tem uma posição definidamente contra à expansão do agronegócio.

As entrevistas com os líderes envolvidos nos conflitos tiveram a intenção de compreender a posição adotada pelas entidades diante da ocupação territorial por agentes da monocultura da soja. O processo de ocupação afetou diretamente a vida de diversos trabalhadores rurais, inclusive alguns foram pressionados a vender suas terras aos produtores de soja.

A pressão se deu através do isolamento territorial dessas pequenas propriedades, o que dificultou a logística para o escoamento da sua produção agrícola. Sem via para o escoamento, os pequenos produtores foram obrigados a vender suas terras aos agentes do novo agronegócio.

Ainda com os representantes do sindicato dos trabalhadores rurais tratou-se sobre a tal moratória da soja. O sindicato teve influência na luta para que o desmatamento e o avanço da monocultura da soja fossem contidos na região de Santarém. E a moratória da soja consistiu num documento oficial assinado pelos produtores de grãos para não desmatar novas áreas para o plantio da soja.

Alguns representantes da monocultura da soja, sobretudo os migrantes do Sul do Brasil, foram entrevistados para verificar o entendimento sobre a expansão da fronteira agrícola para a Amazônia.

Nessas entrevistas se buscou entender qual o motivo da migração da região Sul do Brasil para a região Norte, onde há ainda uma séria deficiência na estrutura logística, não havendo estrutura necessária para a produção e tampouco para o escoamento dos grãos produzidos. Quatro produtores de soja foram entrevistados. Também houve, como mencionado anteriormente, visitas a duas fazendas de produção de soja.

3.4 Análise dos dados

Após a coleta, os dados foram analisados. Deles foram extraídas informações que contribuíssem para a compreensão dos conflitos sociais ocorridos na região de Santarém devido ao processo de expansão da monocultura da soja e de ocupação territorial.

As entrevistas em profundidade com os diversos agentes mencionados anteriormente foram gravadas e, posteriormente, transcritas, e seus conteúdos foram analisados. A análise consistiu na compreensão das informações contidas nas entrevistas. O entendimento delas foi feito a partir da compreensão da pesquisa bibliográfica.

Na análise dos dados buscou-se compreendê-los extraindo os elementos ideológicos contidos em cada discurso. Entende-se que o discurso traz consigo a representatividade ideológica de um grupo, de um modelo de organização social ou mesmo de uma forma de apropriação do território e dos recursos naturais.

3.5 Critérios metodológicos

Dentre os critérios metodológicos para a escolha dos entrevistados, o principal foi o da maior representatividade social, então tendo sido incluídos sujeitos representantes de grupos que estiveram diretamente envolvidos nos conflitos oriundos do processo de expansão da monocultura da soja para a região de Santarém. Dentre eles ficaram em destaque: representantes da Frente de Defesa da Amazônia (FDA); representantes do Sindicato dos Trabalhadores Rurais de Santarém; sojicultores oriundos da região Sul do Brasil; e, enfim, trabalhadores rurais que foram afetados pelo novo agronegócio. Todos os entrevistados eram maiores de idade.

Sendo todos sujeitos legalmente responsáveis por seus atos porquanto em pleno exercício de suas faculdades mentais e capazes de aderirem livremente aos propósitos da pesquisa, os entrevistados foram informados de que poderiam desistir a qualquer momento da participação na pesquisa e também foram cientificados de que as informações fornecidas seriam utilizadas somente para a compreensão do objeto de estudo e para a produção científica.

CAPÍTULO 4

SOJA NO PARÁ:
uma zona de conflitos

A expansão da monocultura da soja para a região amazônica encontrou resistência. Ao processo de expansão se contrapuseram os movimentos sociais que são entendidos como ação coletiva da sociedade organizada, estruturados em torno de questões ambientais e territoriais. Neste capítulo são abordados conflitos que emergiram durante o processo expansionista à região de Santarém entre os movimentos sociais e os representantes do novo agronegócio. Analisam-se os desdobramentos das relações tensas ocorridas entre os agentes nesse início de século na região de Santarém, em especial observando-se a moratória da soja como um catalizador das forças.

4.1 O início de uma nova cultura

O modelo de ocupação territorial da Amazônia tem se baseado na exploração dos recursos naturais. A extração da madeira e do minério fazem ainda parte do cenário econômico da região Norte. Outros ciclos, como o do cacau, o da pimenta-do-reino, já fizeram parte da economia amazônica. A partir do final da década de 1990, como se viu anteriormente, o processo de ocupação territorial passou por novas transformações. A implementação de novas técnicas e altos investimentos públicos e privados introduziram no Oeste do Pará a agricultura mecanizada para a produção de grãos. Venturieri et al. elucidam que

> Uma combinação de fatores, endógenos e exógenos à região, tais como o elevado preço internacional da soja, excelente aptidão agrícola com baixo preço das terras e incentivos governamentais, contribuíram para uma onda de imigração de produtores oriunda do norte do Mato Grosso, que detinham experiência e capital para iniciar um processo de utilização da terra de forma intensiva e tecnificada. (VENTURIERI et al., 2007, p. 704).

A migração para Santarém e Belterra, cidades que formam o epicentro da produção de soja na região Oeste do Pará, ocasionou mudanças nos dois municípios. A disputa por território, o comércio e a grilagem de terras ganharam força. A produção mecanizada induziu o novo momento de concentração de terras e desencadeou um intenso desmatamento da floresta amazônica. Para Venturieri et al. (2007), essas transformações econômicas e sociais ocasionaram alterações na paisagem da região Oeste do Pará, alterações perceptíveis com o aumento do desmatamento da floresta. Assim, os impactos sociais e ambientais causados pela reorganização do território e pelo novo modo de uso da terra são discutidos atualmente. Esses impactos trouxeram consequências sociais e econômicas para a região. As alterações podem ser observadas por um olhar duplo.

Por um lado, o novo uso da terra gerou riquezas para os novos produtores e provocou a reestruturação de comunidades rurais. A comunidade de Boa Esperança[6], por exemplo, passou a ter, nos seus limites territoriais, novos serviços, como lojas de material de construção, oficinas e posto de gasolina para atender às necessidades das máquinas utilizadas no agronegócio, bem como às necessidades dos novos moradores. Houve uma reorganização do comércio. Ampliou-se o número de estabelecimentos comerciais e novas mercadorias foram agregadas. Os próprios migrantes do sul do país, que não se envolveram diretamente no plantio da monocultura, investiram na infraestrutura necessária para sanar a necessidades do novo agronegócio. Nomes de estabelecimentos comerciais com sobrenome alemão são comuns na comunidade, como "Comercial Graef", "Comercial Hubner" e "Comercial Rohr".

Por outro lado, as mesmas melhorias não foram encontradas pelos moradores tradicionais da região. Um número significativo de produtores rurais nativos foi seduzido pelas ofertas dadas de compra de suas terras e as venderam aos novos produtores.

---

6   Comunidade rural localizada ao km 43 da PA 370, rodovia Santarém Curua-Úna.

A venda das propriedades causou o êxodo rural. Em torno da cidade de Santarém é comum encontrar trabalhadores rurais que demonstram saudosismo do tempo em que viviam no campo e produziam a sua subsistência.

Os agricultores que resistiram à venda das propriedades encontram dificuldades na produção, sobretudo devido às pragas que atacam as pequenas lavouras. Um produtor rural nativo afirmou que não consegue mais produzir feijão. A praga que afeta a produção de soja atinge a produção de feijão e, para produzi-lo, seria necessário o uso de defensivo agrícola, mas ele não tem condições financeiras para custear uma produção regada a veneno[7]. Assim, portanto, os novos custos para a produção da agricultura de subsistência não cabem no orçamento do agricultor familiar.[8]

A alteração das condições de produção modificou o trabalho artesanal dos produtores rurais da região. Percebeu-se, nas visitas às comunidades, que pequenos agricultores, embora com pouca condição financeira, têm-se adequado ao uso de defensivos agrícolas. Alguns estabelecimentos comerciais vendem o veneno em pequenas qualidades. Em uma entrevista um agricultor afirmou que o "[...] veneno ajudou o pequeno produtor, pois para matar o mato basta colocar o produto e pronto, se evita a fadiga do sol quente e o trabalho duro da enxada".[9]

Nota-se a força do modo de produção baseado em novas tecnologias e no uso de defensivos agrícolas. Embora o entrevistado tenha mencionado somente o uso de "veneno", pequenos produtores também se apropriaram da mecanização da terra para o plantio, quando antes, comumente, as roças eram construídas mediante trabalho braçal com uso de instrumentos como fação, foice, machado e enxada.

---

7   Ao se referirem aos defensivos agrícolas, os agricultores comumente os chamam de veneno.
8   Entrevista realizada com o produtor Rural (A. A. P.) na comunidade de Boa Esperança no dia 15 de maio de 2015.
9   Entrevista realizada com um agricultor C. P. S. na comunidade de Santa Rosa no dia 27 de abril de 2015.

A introdução do maquinário marcou, então, uma nova fase para os pequenos produtores. A maioria das áreas plantadas por eles atualmente são mecanizadas. A mecanização geralmente é realizada através da contratação de horas de trabalho de um proprietário de máquinas.

Percebeu-se que há grupos de produtores de grãos que migraram para a região e não conseguiram se estabelecer financeiramente, e perderam parte dos recursos que tinham. Esses "novos peões" geralmente trabalham para os seus conterrâneos nas propriedades destinadas à produção da soja. No tempo livre, eles vendem suas horas de trabalho para a mecanização das terras dos pequenos produtores. Uma hora de serviço custa entre R$ 250,00 a R$ 300,00, dependendo da relação que o produtor tenha com o dono das máquinas. Em raros casos há simplesmente a cobrança do combustível, tornando-se uma relação de amizade.

Um migrante do Rio Grande do Sul, hoje residente na comunidade de Boa Esperança, afirmou que não conseguiu se firmar na produção de soja devido ao alto investimento necessário em cada lavoura. Hoje planeja o cultivo de outras culturas, como pimenta-do-reino e hortaliças para comercializar aos sábados em uma das feiras livres da cidade. Embora ele não tenha atingido seu objetivo na região amazônica, que era viver da produção da oleaginosa, mesmo assim o agricultor garante que a cultura desenvolveu o município de Santarém. Em uma das falas, ele questiona "[...] antes da soja você via prédios na cidade? Veja agora, com a soja há prédios e outros estão sendo construídos. Quando cheguei aqui tinha gente pedindo na rua e hoje não se vê mais ninguém pedindo. Isso é sinal de que a situação melhorou"[10].

No discurso é notória uma defesa preestabelecida da monocultura da soja. Verifica-se que, de acordo com a fala, o desenvolvimento da cidade está atrelado exclusivamente à introdução da monocultura da soja. O discurso dos representantes

---

10   Entrevista realizada com senhor H. F. no dia 21 de abril de 2015. Trata-se de produtor de soja que migrou para a comunidade de Boa Esperança.

do agronegócio faz um paralelo entre o antes e o depois da introdução da cultura na região. Não há um equilíbrio no discurso para se mensurar os avanços e retrocessos causados na região. Da mesma forma se apresenta o discurso dos agricultores tradicionais, que negam qualquer benefício que a produção tenha ocasionado à região.

Retornando à questão do trabalho, notou-se que a reorganização das forças de trabalho gerou um novo comércio baseado na mecanização da terra daqueles que não possuem o maquinário. Para o proprietário das máquinas surgiu uma nova fonte de renda e para os pequenos produtores rurais houve a diminuição do trabalho braçal. A entrada da soja alterou as formas de produção anteriormente marcadas pelo trabalho artesanal. Há uma modificação na relação que se estabelecia com o território antes da chegada da nova cultura e da agricultura mecanizada.

4.2 Os primeiros migrantes e as mudanças no território

Ao comentar sobre a chegada dos primeiros migrantes, o entrevistado A. C. S. afirma que foi no ano de 2000 que chegaram os primeiros produtores de grãos ao planalto santareno. Traziam consigo maquinários, dinheiro e anseio para comprar lotes e começar a produção. Eles introduziram o novo modo de produção baseado na agricultura mecanizada e no uso de tecnologia com o objetivo de aumentar a produtividade. Houve investimento na correção do solo, no desenvolvimento de espécies que se adaptassem ao clima da região e em defensivos agrícolas para combater as pragas.

O entrevistado retrata que os comunitários ficavam admirados com a jornada de trabalho dos novos moradores das vilas. Eles trabalhavam até a madrugada preparando a terra ou mesmo colhendo a produção. Trabalhadores locais, admirados, afirmavam "Agora a cidade vai se desenvolver".[11] Essas mudan-

---

11 Entrevista realizada com o senhor A. C. S. no dia 22 de junho de 2015. Trata-se de morador nativo da comunidade de Boa Esperança.

ças ocasionariam as mudanças no conceito de regionalidade, entendido como a identidade de território (HAESBAERT, 2010). Para atender à demanda da nova produção da região, no ano de 2003 se iniciou a construção de um grande porto em Santarém. A Multinacional Cargill[12] começou o processo de instalação do seu porto de escoamento de grãos no coração da Amazônia. O novo empreendimento trazia consigo muitas contradições, sobretudo relacionadas com a adequação da legislação ambiental brasileira.

O conflito e a resistência à instalação do porto começaram muito antes de ele ser instalado. De acordo com Costa (2012), no início do ano de 2000 foi exigido, pela Justiça, o cumprimento das leis ambientais brasileiras, exigindo-se que a empresa multinacional elaborasse o EIA (Estudo de Impacto Ambiental) e o RIMA (Relatório de Impacto Ambiental). Nesse período, o Ministério Público Federal obrigou à paralisação das obras do porto para a realização dos estudos de impactos ambientais, mas logo a multinacional conseguiu uma liminar judicial para continuar seu empreendimento.

Mesmo com as irregularidades, o porto começou a operar no ano de 2003. Entretanto, em 2007, depois de vários processos contra a Cargill, o IBAMA, após fiscalização, fechou o porto, mas, depois de 21 dias, um desembargador decidiu reabri-lo.

Ressalta-se que os impactos gerados pelo porto de escoamento foram além das áreas portuárias. Como se viu anteriormente, a capacidade produtiva das terras santarenas, o baixo custo da extensão territorial e mais a construção da estrutura de escoamento tornaram a região um atrativo para os sojicultores, consequentemente esses elementos ocasionaram a emergência dos conflitos sociais, como a grilagem de terra e o aumento significativo do desmatamento (COSTA, 2012).

Os conflitos entre os movimentos sociais e os representantes do agronegócio foram mais visíveis a partir do ano de 1999,

---

12 A empresa Cargill, fundada em 1865 nos Estados Unidos, atua na comercialização, no processamento e na distribuição de produtos agrícolas e alimentícios, além de desenvolver atividades financeiras e industriais.

período em que os primeiros sojicultores migraram para a região. De acordo com Costa (2012), em 1999, quando, para a construção do porto, a praia de Vera Paz[13] começou a ser desativada, os movimentos sociais relacionados ao uso do espaço urbano fizeram as primeiras denúncias ao Ministério Público Federal.

A grande tensão ocorreria, porém, entre os anos de 2003 a 2006, época em que um grupo de ativistas ambientais do Greenpeace se somou aos movimentos sociais regionais, iniciando-se uma grande campanha de oposição tanto à instalação do Porto da Cargill como à chegada em Santarém de sojicultores migrantes, sobretudo dos estados do Rio Grande do Sul e do Mato Grosso.

A resistência não foi pelo simples fato da migração, mas pela alteração que ela provocou à floresta amazônica e aos povos amazônidas. A grande questão esteve em torno do modelo de desenvolvimento que se construiria para a Amazônia. Então, quanto a esse modelo, inclusive se criou um *slogan* em defesa da região que diz que "A floresta vale mais em pé do que deitada".

A crise se instalaria definitivamente no ano de 2006. Tanto os movimentos sociais como o Greenpeace passaram a denunciar irregularidades nas atividades agroexploradoras na região. Para demonstrar seu descontentamento, foram realizadas passeatas e campanhas contra a produção da soja. O ponto culminante desse processo foi o relatório emitido pelo Greenpeace intitulado "Comendo a Amazônia". Nele foi claramente expresso que o desmatamento da floresta amazônica estaria atrelado ao plantio da monocultura da soja.

A organização dos sojicultores, por sua vez, elaborou uma campanha nomeada "Fora Greenpeace", cujo slogan foi "A Amazônia é dos brasileiros". Compuseram essa organização tanto sojicultores como membros da elite econômica santarena, sobretudo empresários e latifundiários interessados na expansão

---

13 Trata-se de uma praia que surgia anualmente com a baixa do Rio Tapajós e estava localizada próxima ao centro da cidade de Santarém. A localização era favorável para que a população se deslocasse aos fins de semana. Entretanto, a construção do porto eliminou a praia e a área portuária, assim como eliminou o local de trabalho de diversos vendedores ambulantes.

do agronegócio. Esse contraponto fez com que os ânimos fossem acirrados e, a partir desse momento, as manifestações passaram a comportar violência física e verbal.

Abaixo se pode ver expressamente o antagonismo existente entre os dois grupos:

> Nas manifestações do movimento "Fora Greenpeace", foi feita a defesa de que a "preservação do meio ambiente se opõe à ideia de progresso", numa defesa explicita da visão econômica e de mercado, na qual os bens da natureza e a terra não passam de mercadorias. Em contraponto, o Greenpeace organizou uma série de atividades e eventos na cidade, dentre os quais uma exposição fotográfica montada no Mercadão 2000, localizado na orla da cidade, e a exibição de um filme sobre a derrubada da floresta para a plantação da soja. Durante a exibição do filme, no dia 13 de maio de 2006, um grupo de 30 sojicultores disparou rojões contra o barco inflável no qual estava a tela de projeção. Após isso, houve agressões físicas contra os jornalistas que cobriam o fato e contra moradores da cidade que se encontravam na orla. (COSTA, 2012, p. 214).

Percebe-se que a autora expressa o antagonismo existente também no âmbito ideológico. Ao expor que "os bens da natureza e a terra são vistos como mercadoria", ela aponta para uma ideologia de mercado, mas esse fato está mais evidente ao transcrever o pensamento dos representantes do agronegócio, que afirmam que a defesa do meio ambiente interrompe e emperra o progresso. Segue-se, portanto, que o progresso, na concepção do grupo, está relacionado ao processo de implantação de nos modos de produção e novas formas de apropriação dos recursos naturais. O contraponto ideológico estabelecido entre os movimentos sociais e os produtores de soja na região de Santarém causou a tensão social.

O contraste entre os dois discursos mostrou-se tenso. Se, de um lado, o conceito de progresso/desenvolvimento se desvincula da possibilidade da harmonia com o meio ambiente, então a preservação certamente impede o desenvolvimento econômico territorial. Oposto e radical é o discurso dos movimentos sociais relacionado às questões do ambiente, pois eles se contrapuseram a qualquer possibilidade de desenvolvimento que interferisse no espaço, sendo isto impossível.

A então representante do Sindicato dos Trabalhadores Rurais de Santarém afirmou que, na época, "[...] não podia ouvir a palavra desenvolvimento"[14]. Hoje ela esclarece que é necessário pensar em um modelo de desenvolvimento para a cidade, mas que as questões ambientais e sociodemográficas sejam consideradas no processo. Percebe-se que a entrevistada reconhece a dureza do discurso da relação conflituosa, e ver a possibilidade de estabelecer uma política de desenvolvimento, mas que considere todos os envolvidos no processo, sobretudo o trabalhador rural – elucida a informante.

O encontro conflituoso não foi resultado somente do aspecto ideológico ou do discurso atrelado aos interesses do capital, pois que ele representou também, de forma enfática, a diferença cultural entre os nortistas e os sulistas. No trecho da reportagem abaixo é possível perceber o conflito cultural.

> Exaltados e agressivos, os sojeiros queriam impedir o registro jornalístico e fotográfico de um protesto do Greenpeace contra a destruição da floresta amazônica para a plantação de soja. O protesto da ONG ambientalista foi violentamente rechaçado pelos sojeiros, que utilizaram rojões para paralisar a exibição de um filme projetado numa embarcação, ao largo do rio, às proximidades do prédio da Caixa Econômica Federal. [...] tão logo obtiveram êxito em sua investida pirotécnica contra os ambientalistas, os sojeiros se voltaram contra os jornalistas que documentavam o protesto e até contra pessoas que passeavam no local. [...] O jornalista Celivaldo Carneiro escapou da agressão física depois que foi identificado por um dos sojeiros, mas não foi poupado da agressão verbal, do tipo: "vocês de Santarém são todos índios, preguiçosos e

---

14 A entrevista foi realizada na Câmara Municipal de Santarém, em 10 de abril de 2015, com a senhora M. I. B. S., agricultora, ex-presidente do Sindicato dos Trabalhadores Rurais por dois mandatos, representante dos movimentos sociais. Atualmente está no segundo mandato de vereadora no município de Santarém.

somos nós [sojeiros] que estamos trazendo desenvolvimento para a região".[...]"o povo de Santarém só gosta de pinga e detesta trabalhar. É por isso que sofre mais do que sovaco de aleijado. Nós [sojeiros] chegamos pra tirar Santarém da miséria" (GAZETA, 2006c, grifo nosso).

Ao grifo percebe-se que a intolerância cultural foi expressa de forma etnocêntrica. Embora a constituição da população santarena não consista na generalização expressa pelo sojeiro ("são todos índios"), há na população local aspectos da cultura indígena que a desvincula da ideia da acumulação de bens e, talvez, para os sojicultores, esse fato apareça como o motivo para que a cidade não estivesse "desenvolvida". Davam a entender, pois, que seriam eles, os migrantes, com sua nova lógica de desenvolvimento, que iriam representar o novo momento para a região. Para Costa (2012), a violência cometida pelos sojicultores transpõe os limites da violência física e passa a ser também simbólica, demonstrada pelo etnocentrismo.

O conflito na região de Santarém ocorreu após o encontro dos dois grupos mencionados anteriormente. De um lado, os representantes do agronegócio com seus interesses atrelados ao mercado da soja; de outro, os povos da região e os ambientalistas, que defendiam a permanência da estrutura produtiva, considerada sustentável.

De acordo com Monteiro (2004), a entrada da monocultura de imediato alterou a organização social do planalto santareno, que até então esteve organizado em pequenas e médias vilas. O uso do território foi alterado também, pois a agricultura familiar praticada nas comunidades rurais tinha a intensão de produzir as condições de subsistência sem conexão com o princípio de acumulação do capital. O agronegócio da soja, diferentemente, não segue essa mesma lógica por ele estar atrelado à lógica de produção/reprodução do capital.

Para a autora, nas vilas mais próximas de Santarém, como Jacamim, Perema e Boa Esperança, entre outras, houve um crescimento demográfico, pois os sojicultores passaram a morar nas vilas, onde podiam encontrar escolas para seus filhos e pequenas mercearias, onde compravam os bens de necessidades básicas. Entretanto, a estrutura das vilas não atendia a todas as necessidades para o desenvolvimento das suas atividades agrícolas. Pode-se elucidar mencionando a falta de postos de gasolina, de oficinas mecânicas e de lojas de peças que os novos agricultores não encontravam nas comunidades. Para essas carências tinham que se deslocar até o centro da cidade. A autora salienta que essa nova estrutura aos poucos foi sendo estabelecida nas comunidades e, atualmente, como se observou *in loco,* comunidades como Boa Esperança, Tabocal e Jacamim são pequenos polos com a estrutura suficiente para atender às necessidades para a produção de soja.

Entretanto, a autora expõe que essa estrutura foi criada para atender às necessidades dos migrantes, sendo implantadas lojas de material de construção, supermercados e, por vezes, boates. Tais necessidades não constavam do modo de vida dos pequenos agricultores nativos. Assim, essas mudanças provocaram uma alteração na ocupação do território e na dinâmica das vilas.

Um dos entrevistados, filho de produtor rural nativo, da comunidade de Boa Esperança, descreveu que, quando chegaram os primeiros homens de olhos azuis ou verdes, que trabalhavam até meia-noite no preparo da terra ou na colheita da soja, isso foi surpreendente. A sensação criada era a de que a vila iria se desenvolver, bem como o município. Inclusive alguns produtores da região também passaram a ter interesse em produzir soja. Entretanto, o alto valor para o cultivo dessa cultura logo os desencorajou e impediu. Alguns ainda chegaram a arrendar as terras aos sojicultores.

A comunidade de Boa Esperança ainda hoje é reconhecida no município de Santarém pela produção da farinha de tapioca. Entretanto, as áreas de mandioca têm cedido lugar às grandes lavouras de soja. Para um olhar desatento nada teria mudado. Nas conversas, os produtores rurais nativos demonstram que a dinâmica produtiva do local foi alterada. Inclusive a mão de obra para a produção da farinha de tapioca se tornou escassa, assim como a matéria-prima, ou seja, a mandioca, porque as plantações diminuíram.

De acordo com o entrevistado, "[...] o aspecto geral da vila demonstra melhorias, mas os trabalhadores da produção de farinha de tapioca perderam território para a produção e perderam poder financeiro"[15].

Monteiro (2004) expressa a relação tensa e comercial, demonstrando o processo de migração da família Bonanza, que encontrou na região de Santarém a possibilidade da reprodução do capital, sobretudo mediante a valorização de imóveis.

A família Bonanza expressa a nova racionalidade da ocupação do espaço urbano da vila. A família foi pecuarista e produtora de soja em Nova Mutum (MT) por 24 anos, após migrar do Rio Grande do Sul. Em 2001 se mudou para Santarém, atraída pelas oportunidades da nova fronteira. Adquiriu um pedaço de terra por cerca de 20 mil reais. Loteou num condomínio de 40 unidades e está vendendo cada lote por R$ 8 mil. Instalou o maior supermercado da vila, o qual "rouba a freguesia" das dezenas de "tabernas" e "botecos" da vila. A família Bonanza

> [...] ocupa sua própria mão-de-obra, nas diversas atividades. Porém, as condições "modernas" com que explora a atividade comercial e a visão de valor de troca que atribui à terra abala relações e meios de vida e a concepção de mundo dos moradores locais. Já são comuns as placas de loteamento das chácaras de moradores tradicionais da vila. O valor de troca da terra preside as decisões, porém sem uma base de reprodução de capital que assegure outros meios de vida. O chefe Bonanza afirma que "aqui é o melhor lugar do Brasil hoje. Conheço gente que comprou terra de R$ 80 mil e hoje essa terra vale R$ 8 a 10 milhões. Onde é que o dinheiro se valoriza assim no país?" (MONTEIRO, 2004, p. 7- 8).

---

15   Entrevista com o agricultor familiar, A. A. P, na comunidade de Boa Esperança no dia 15 de maio de 2105.

Percebe-se que o encontro estabelecido entre os migrantes e os moradores locais não se trata de simples encontro de pessoas. É encontro de ideologias ou mesmo de cosmovisões. Os migrantes entendem a posse da terra como reprodução do capital. Os moradores tradicionais não possuíam a mesma concepção, pois a terra não está atrelada simplesmente aos valores de capital, mas nela se produziram as condições materiais de existência e as experiências simbólicas. A identidade é construída no espaço territorial (HAESBAERT, 2010; CABRAL, 2007; MESQUISTA, 1994).

A autora expõe que a relação antes estabelecida entre os moradores tradicionais e a terra foram alteradas. O discurso da valorização e reprodução do capital chegou aos moradores locais, que, de acordo com autora, colocaram placas de venda em suas propriedades, reproduzindo a mesma lógica dos migrantes. Ocorria e ocorre, porém, que não asseguravam ou não asseguram os meios de sobrevivência após a negociação das terras.

Ao modelo de loteamento da família Bonanza, moradores tradicionais das vilas também passaram a lotear suas chácaras ou lotes. Desde o início dos anos 2000 há uma busca dos moradores do centro urbano por pequenas propriedades no mundo rural para passar os fins de semana ou feriados. Na região, o mundo rural também passa por transformações e ressignificações, deixando de ser o espaço exclusivo da produção alimentícia para ser também uma zona de lazer/turismo.

O processo de modernização do mundo rural alterou radicalmente a estrutura social das vilas. Com o novo modo de produção em larga escala da monocultura da soja, e com o loteamento das vilas, as atividades da agricultura de subsistência não teriam e não têm mais espaço.

De acordo com Costa (2012), não há dados que demonstrem o número de moradores que tiveram que deixar as áreas rurais. Entretanto, um breve estudo realizado pelo Sindicato dos Trabalhadores Rurais, pelo Greenpeace e pelo Projeto Saúde e

Alegria[16], constatou que, da região de Belterra e Santarém, de um número de 27 vilas restaram somente duas. As populações dessas vilas migraram para a periferia urbana ou para regiões rurais mais distantes (COSTA, 2012, p. 133).

Assim, portanto, além do conflito ocasionado pelo encontro das duas ideologias, o ingresso da soja ocasionou, na região de Santarém, o processo de favelização da cidade, pois a migração de colonos fez surgir novos bairros sem infraestrutura em torno da cidade de Santarém.

Costa (2012) apresentou o momento crítico do reordenamento territorial e, para esclarecer a ideia, a autora afirma que:

> A expropriação de terra dos agricultores familiares gerou "novos" fluxos migratórios na região, no sentido rural--urbano, os agricultores familiares que se deslocam das vilas rurais, comunidades/colônias e assentamentos para a periferia da cidade de Santarém, também aí incluída a faixa de beira da BR 163 localizada na área de expansão urbana. Esse fluxo migratório pode ser caracterizado como permanente, pois são comuns os jovens, de ambos os sexos, que, impossibilitados de serem absorvidos economicamente nas colônias, dirigirem-se à cidade em busca de uma nova atividade produtiva. Com a chegada da sojicultura, esse fluxo migratório também passou a ser familiar. Famílias inteiras expulsas de suas terras se dirigiram à área urbana; e no sentido rural-rural, agricultores familiares que se deslocam das vilas rurais, comunidades/colônias e assentamentos que se dirigiram para outros assentamentos e áreas de florestas ainda inexploradas, na tentativa de lá manter sua atividade produtiva e sua sobrevivência. Esse fluxo

---

16 Atua na Amazônia desde 1987, promovendo processos participativos de desenvolvimento comunitário integrado e sustentável, que contribuem de maneira demonstrativa no aprimoramento das políticas públicas, na qualidade de vida e no exercício da cidadania. Trabalha hoje diretamente em quatro municípios do Oeste do Pará – Belterra, Aveiro, Juruti e Santarém, local de sua sede – atendendo a cerca de 30 mil pessoas – em sua maioria povos tradicionais extrativistas organizados em comunidades das zonas rurais, muitas delas de difícil acesso, em situações de risco e exclusão social. O PSA os apoia na defesa de suas terras, de seus recursos naturais e na viabilidade social, econômica e ambiental de seus territórios, a partir de programas voltados para organização social, direitos humanos, saúde, saneamento, geração de renda, educação, cultura, comunicação e inclusão digital.

migratório é composto por núcleos familiares extensos; pai, mãe, filhos solteiros, filhos casados com suas respectivas famílias. (COSTA, 2012, p. 133-134).

A frente de expansão da monocultura da soja intensificou o fluxo migratório e expandiu a zona de conflito. A fuga dos colonos nativos para áreas mais afastadas somente retardaria um conflito já iniciado, porque a produção da monocultura da soja necessitaria de novas áreas e o processo de ocupação avançaria sobre novas terras, possivelmente as ocupadas após a primeira fuga.

O afastamento do centro urbano dificultou a vida do trabalhador rural. As áreas mais distantes geralmente são mais carentes da estrutura básica, como: posto de saúde, escola de ensino básico e via que facilite o acesso à cidade. A necessidade de formação de novas comunidades consistiria em um novo desafio.

O conflito, tanto no nível ideológico, mercadológico ou mesmo cultural, não se restringiu às fronteiras da cidade de Santarém. Ao contrário, as informações transpuseram os limites do Brasil e chegaram à Europa e aos Estados Unidos. A campanha contra a monocultura da soja e os crimes ambientais cometidos na Amazônia devido ao plantio desse grão mobilizou a sociedade mundial, resultando em um boicote à soja provinda do bioma amazônico. E, não havendo saída, os representantes do agronegócio assumiram publicamente o compromisso de não comercializar soja oriunda de novas áreas desmatadas da Amazônia depois de 2006.

4.3 Moratória da soja: uma reação da sociedade mundial

O boicote mencionado anteriormente ficou conhecido como moratória da soja. Em meio a tantos conflitos e às denúncias de crimes ambientais e do desmatamento desenfreado da Amazônia, no ano de 2006 os produtores de soja assinaram um acordo que consistia em não comercializar soja provinda de novas áreas desmatadas da Amazônia. Dentre os vários objetivos do acordo também estava o de acalmar o conflito que emergiu na região do Baixo Amazonas.

Para Costa (2012), a moratória da soja foi um artifício criado para controlar a produção do grão no Baixo Amazonas, para conter o desmatamento e também para amenizar os conflitos na região. Entretanto, a questão que se coloca em discussão, nesse caso, é sobre qual foi o motivo que levou os produtores de soja a assinarem um documento que reconheceu o desmatamento na Amazônia ocasionado pela produção de soja, uma vez que eles desde o início negavam tal efeito sobre a floresta amazônica.

A autora alerta para o fato de que questões referentes ao uso do território são discutidas desde a década de 1990. Essa década marca uma nova configuração política e econômica no Brasil. Houve a consolidação da redemocratização. No âmbito econômico assistiu-se à entrada da política neoliberal, e voltou-se a discutir os problemas territoriais no Brasil, também se ampliando o acesso a terras públicas consideradas improdutivas.

Delgado (2001) alerta ainda para o fato de que há uma dualidade na discussão agrária no Brasil daquela época em diante. De um lado existe o grupo que discute os dilemas da questão agrária, incluindo o processo de ocupação e concentração de terra. De outro lado, existem os que entendem a natureza como um local para se produzir mercadoria e lucro, e esse grupo é apoiado por grandes corporações internacionais e pela indústria de *commodities*, caso em que existe uma defesa da concentração de terras para garantir o sustento dos grupos sociais.

Para o autor, a dicotomia está presente também na estrutura do governo dividido em ministérios: o da Agricultura e o do Desenvolvimento Agrário. Questiona-se se ambas as estruturas tratam da produção agrícola e do processo de ocupação territorial: Por que duas estruturas distintas para tratar dos mesmos objetivos?

Costa (2012), fundamentada em Belik e Paulillo, afirma que:

> Houve uma contínua intervenção governamental até meados dos anos de 1980. A partir de então, a agricultura deixou de ter uma política geral de apoio e o governo deixou de intervir também na constituição de políticas setoriais. Esse

movimento de perda deliberada do poder de regulação por parte do Estado intensificou-se nos anos de 1990. [...] a abertura da economia e a queda de barreiras à importação transformaram a agricultura e o agronegócio em segmentos afastados de qualquer política preferencial em uma situação muito diferente daquela do período de modernização compulsória da agricultura. (COSTA, 2012, p. 238).

A autora enfatiza que, a partir de 1990, com as mudanças políticas e econômicas, o Estado brasileiro se encolheu no que diz respeito a regular as atividades agrícolas. Na nova estrutura de poder, as instituições privadas passaram a ter mais autonomia, e diminuiu-se a regulação burocrática estatal sobre ela. Nota-se o encolhimento do Estado ao abrir a economia e ao quebrar as barreiras de importação. A iniciativa privada ganhou autonomia para negociar a produção e para expandir as áreas destinadas ao agronegócio. Isso ocasionou o aumento do poder de interferência da bancada ruralista nas decisões do Estado relacionadas às questões de produção agropecuária.

O encolhimento do Estado e a falta de regulação, inclusive ambiental, oportunizaram transgressões das leis fundiárias e ambientais. No caso da região Norte, o desmatamento da floresta desconsiderando as áreas de proteção ou as demarcadas a povos tradicionais são exemplos da falta de controle do Estado.

No cenário da política nacional há discurso que enaltece o agronegócio como o único responsável pelo equilíbrio econômico e social do país. A atividade, com seu poderio em relação aos números de exportação, aparece com uma força hegemônica como se percebe no discurso da presidente da CNA (Confederação Nacional da Agricultura), atual senadora e Ministra da Agricultura Kátia Abreu:

> Eu não me canso, com orgulho, de repetir que o agronegócio brasileiro responde por mais de 40% das exportações do País, ajudando e sustentando a balança comercial brasileira, fazendo com que o País, o Brasil, pudesse sair da crise que todos os países enfrentam ainda. E nós pudemos sair da crise com mais pressa, porque tínhamos um colchão de reserva das nossas exportações. Nós tínhamos U$ 250 milhões de

reservas cambiais, que deram sustentação ao País para sair da crise. E o balanço das exportações e importações brasileiras é positivo nos últimos dez anos, graças ao agronegócio brasileiro, que é superavitário em U$ 25 milhões por ano. [...] O pilar mais importante que sustentou a balança comercial brasileira, que fez com que o País pudesse controlar a inflação, foi o setor agropecuário. [...] Esta casa é sabedora que o agronegócio responde por um terço dos empregos de carteira assinada neste País, daqueles empregos formais. Desde o setor primário, desde a roça, desde o campo, desde o plantio da soja, da criação dos animais, do plantio de eucalipto, de café, de frutas até a indústria brasileira do agronegócio, é um terço de brasileiros trabalhando todos os dias na sustentação da cadeia. (ABREU apud COSTA, 2012, 48).[17]

A representante dos interesses do agronegócio é elucidativa ao demonstrar a importância do agronegócio para a economia brasileira. Ela enaltece de tal forma a atividade que deixa a entender que existe uma relação de dependência da sociedade para com o agronegócio, porque, além de gerar riquezas, o agronegócio cria milhões empregos formais. Em outro discurso, a senadora afirma que o agronegócio quebrou as velhas relações entre o mundo rural e a cidade, assim como gerou equilíbrio social.

O discurso é formador de opinião. Ele busca o reconhecimento da sociedade ao elucidar a importância do agronegócio para a economia nacional e para o bem-estar social. Pode-se entender que a fala faz parte de uma política de criação de uma ideologia em torno do agronegócio nacional. Mais tarde será incorporada à argumentação a ideia de desenvolvimento sustentável, uma vez que a pressão social cresce em torno da degradação ambiental ocasionada também pelo novo agronegócio.

A partir dos arranjos na política nacional e com a diminuição do controle do Estado, por meio da política neoliberal, o novo agronegócio ganhou força e passou a interferir diretamente nas decisões políticas nacionais. Nesse período de

---

[17] Pronunciamento da presidente da CNA, na condição de senadora, no Congresso Nacional em 2011.

encolhimento do Estado brasileiro, a moratória da soja passou a ser um instrumento de controle e regulação do avanço do desmatamento de novas regiões, passou a questionar o trabalho escravo[18], embora haja controvérsia em torno do documento, como se verá posteriormente.

A moratória da soja surge em um momento crítico e conflituoso em torno do avanço do desmatamento da floresta amazônica para o plantio de soja. A crise das safras de 2002 e 2003, conjuntamente com o aumento do consumo do mercado chinês, foram determinantes para o avanço da cultura de soja sobre o território amazônico. Conforme o Gráfico 1, dados do INPE demonstram um significativo aumento do desmatamento nesse período.

A inconsistência dos discursos entre o novo agronegócio e os movimentos sociais relacionados a questões ambientais e territoriais desembocaram em novos arranjos institucionais que tinham como objetivo conciliar a produção de soja e a preservação do ambiente. A relação estabelecida entre a expansão da monocultura da soja e o aumento do desmatamento constituiu-se como o epicentro do conflito entre os grupos envolvidos no processo de ocupação territorial e no modo de apropriação dos recursos do espaço (CARDOSO, 2008).

Ao menos dois interesses estiveram presentes. Os produtores de soja, os importadores e as empresas envolvidas direta ou indiretamente no processo produtivo desejam encontrar uma solução para a legitimação da produção de soja no território amazônico e para amenizar os conflitos com os atores sociais envolvidos no projeto de defesa da Amazônia. Os movimentos sociais se mobilizaram na tentativa de diminuir o desmatamento da floresta, preservar a biodiversidade e garantir aos povos tradicionais a permanência no espaço rural, espaço onde é produzida a subsistência e onde são mantidas as relações simbólicas.

Cardoso (2008) problematiza apontando que os novos arranjos estabelecidos mediante a moratória da soja para garantir a produção de soja na região não foram mensurados através

---

18 Houve denúncia internacional de que o agronegócio brasileiro se sustenta na base do trabalho escravo. Entidades como Greenpeace e WWF foram responsáveis pelas denúncias.

de métodos científicos, mas resultou da relação subjetiva estabelecida entre os atores nas discussões que precederam ao acordo reconhecido internacionalmente. A autora não pretende desconsiderar a opinião dos povos tradicionais que se apropriam das experiências com o meio para justificar as alterações ocasionadas pelos novos modos de produção, entretanto ela elucida a necessidade de um parecer científico para verificar a veracidade das hipóteses levantadas em relação à degradação do ambiente. Há ao menos duas hipóteses sobre a relação estabelecida entre o desmatamento da floresta e o avanço do agronegócio. A primeira afirma que a produção de soja ocupou as áreas destinadas anteriormente à pecuária. Há somente a substituição da pecuária pela monocultura da soja, sem a necessidade do desmatamento de novas áreas (BRANDÃO et al., 2006; MARGULIS, 2003). Acerca dessas informações, os autores demonstram que, em relação à

> [...] expansão da área com soja no triênio 2001/02-2003/04, que foi muito mais rápida do que ocorreu na década de 1990 e se generalizou a todas as regiões produtoras de soja no Brasil, cabe notar o seguinte. Em primeiro lugar, é muito difícil "abrir-se" área virgem de cerrado (e muito menos ainda de floresta amazônica!) e, no mesmo ano ou mesmo até num prazo maior, usar-se essa área nova na produção de soja. Em outras palavras, partindo-se de uma área virgem – de cerrado ou de floresta amazônica –, requer-se um número mínimo de anos para que uma área nova, adequada para a produção agrícola, seja "produzida" e depois usada na produção agrícola propriamente dita. Esta é uma afirmativa passível de verificação empírica. No caso do cerrado, não se exclui a hipótese de que, devido à excepcionalidade desse período recente em termos de rentabilidade da soja, tenham sido adotadas tecnologias capazes de encurtar para um ano a duração do tempo requerido para a produção de soja. (BRANDÃO et al., 2006, p. 256).

Os autores reiteram as dificuldades encontradas em novas áreas desmatadas, sobretudo na floresta amazônica, para o início da produção agrícola. Nota-se que não muito claramente os autores definem dois tipos de produção agrícola: a produção agrícola experimental e a produção agrícola consolidada, que provavelmente se refere à monocultura da soja. Percebe-se que existe uma hierarquia entre o que se produz no espaço rural e, sobre isso, provavelmente, a mensuração seja feita através dos resultados na balança comercial.

Esse argumento é utilizado para justificar que a monocultura da soja ocupa as áreas anteriormente usadas pela pecuária. Eles ainda apontam que essas dificuldades podem ser encurtadas no cerrado com a auxílio de tecnologias. Posteriormente, os autores destacam o alto investimento financeiro para desmatar novas áreas como outra dificuldade.

Apropriando-se do mesmo empirismo mencionado pelos autores, um agricultor da comunidade de Boa Esperança afirma que existe o que denominou de "desmatamento silencioso", mesmo após o acordo da moratória da soja. Para o agricultor, os "sojeiros" desmatam certos hectares e colocam fogo, e esse último não se restringe ao espaço desmatado e avança uns 50 (cinquenta) metros à mata virgem. No ano seguinte, o que se faz é passar as máquinas na área incendiada anteriormente e atear fogo novamente para seguir um pouco mais adiante. O ciclo se renova a cada ano, de acordo com o agricultor[19]. Ele argumenta que não há possibilidade de as autoridades competentes fiscalizarem esse "desmatamento silencioso", uma vez que o avanço sobre a floresta é lento, mas ocorre anualmente.

A segunda hipótese salienta que a expansão da monocultura da soja está diretamente ou indiretamente relacionada ao desmatamento de novas áreas da floresta. Salienta-se isso porque, mesmo que a expansão ocupe as áreas destinadas à pecuária, essa última precisa mover-se para novos espaços e de imediato surge a floresta como opção para a abertura de novos pastos (LIMA; PETER, 2005).

Para Lima e Peter (2005), existe uma relação entre o desmatamento da floresta amazônica e o avanço da cultura da soja. Para tanto eles afirmam que a

---

19 Entrevista com o agricultor familiar A. A. P., na comunidade de Boa Esperança, no dia 15 de maio de 2105.

[...] expansão da monocultura, especialmente a soja, se apresenta como um dos fatores importantes para o aumento das taxas de desmatamento. Essa influência ainda parece ser indireta, uma vez que está se estabelecendo sobre áreas de pastagens degradadas de projetos pecuários fracassados, na maioria dos casos. Contudo, a ocupação da soja sobre as áreas de pastagens antigas obriga o deslocamento da atividade pecuarista para outras áreas de florestas, como aponta o Relatório FBOMS (2005), caso em particular do estado do Mato Grosso, recordista dos desmatamentos nos três últimos anos. (LIMA; PETER, 2005, p. 3).

Os autores demonstram a relação indireta entre o desmatamento e o avanço do agronegócio, e apontam essa atividade agrícola como a responsável pela retirada da floresta. Eles posteriormente discutem que, além do desmatamento, também estão conectados ao avanço da fronteira agrícola a ampliação ou a criação de infraestrutura para o escoamento da produção e para fluxos migratórios. Essas atividades também alteram o espaço e a dinâmica social das cidades e das comunidades.

Esse estudo contraria inclusive informações oficiais fornecidas pelo IPEA (Instituto de Pesquisa Econômica Aplicada), que, em 2005, afirmou que a expansão da monocultura da soja não ocuparia novas áreas, mas somente as que se encontravam degradadas pela pecuária. O IPEA aponta três dificuldades para a expansão para novas áreas. A primeira está em "abrir" novas áreas para o plantio de soja. A segunda relaciona-se à precária infraestrutura para atender às novas áreas. Por fim, a não possibilidade do uso de novas áreas para o plantio imediato da soja constitui-se como uma dificuldade (BRANDÃO et al., 2006).

A moratória da soja surge justamente nesse cenário de contradição e de instabilidade. Diversas são as visões em torno do acordo, tornando-se em si mesmo uma negociação contraditória e com alguns impasses. A primeira problemática levantada foi o tempo de duração da moratória, que, para iniciar, seria somente de dois anos. Assim, portanto, o desmatamento seria monitorado pelos grupos sociais e afinal se emitiria um relatório que apontasse a contenção ou não do desmatamento. O entrevistado E. F. M. S.[20], que participou diretamente da negociação em Brasília, negociação que foi denominada de "diálogo da moratória da soja", afirma que era o único representante dos movimentos sociais na reunião. Os movimentos sociais foram convidados a participar pelo Greenpeace. Quando surgiu a primeira proposta de uma moratória de dois anos, ela não foi aceita. Sobre isso o entrevistado afirma que:

> Estavam lá presentes a WWF, a CNA, o Greenpeace, o único movimento social presente na reunião era a Frente de Defesa da Amazônia. Isso foi em Brasília. Nesta reunião, nesta negociação chamada "diálogo da moratória da soja", a ABIOVE propunha que fizesse uma moratória de 2 anos. Nós tínhamos consciência que dois anos era uma tapeação. Então nós fizemos uma contraproposta. Se vocês querem uma coisa séria em defesa da floresta amazônica, então vamos fazer uma moratória da soja de destruição da floresta para plantação da soja de 10 anos e não de dois anos. (E. F. M.S, 2015).

A posição dos movimentos sociais era muita clara e drástica, ou seja, eles não queriam que o agronegócio se expandisse na região. Em sentido contrário, não houve equilíbrio no discurso dos representantes do agronegócio, que sempre o enaltecem como a solução para os problemas do país. Também o discurso dos movimentos sociais foi radical. O entrevistado, quando questionado sobre o que a soja teria trazido para a região, foi enfático ao responder: "Trouxe desgraça". A radicalidade está presente também ao propor ao grupo hegemônico um acordo de dez anos e não somente de dois, alegando que o curto período seria somente uma enganação.

No decorrer de três reuniões sobre o tema, o movimento social se manteve firme e não cedeu a uma moratória inferior a um período de dez anos. Também os representantes do

---

20 Entrevista realizada em 4 de março de 2015, em Santarém, com E. F. M. S., padre, representante dos movimentos sociais no processo de construção da moratória da soja e ex-diretor da Rádio Rural de Santarém.

agronegócio se mantiveram firmes na decisão de dois anos. De acordo com o informante, ao final da segunda reunião, o Greenpeace propôs ao movimento social a aceitação da moratória de dois anos. Entretanto, o acordo não foi aceito, e o representante dos movimentos sociais saiu da mesa de negociação. Sobre isso, o entrevistado afirma que na

> [...] terceira reunião nós rompemos, rompemos com eles, rompemos com o Greenpeace. Dissemos isso aqui é uma farsa, nós descrevemos essa tal de moratória da soja como uma farsa, porque no fundo está havendo uma pressão internacional contra a compra de soja da Amazônia por causa da destruição da floresta. Os compradores de soja europeus estão pressionando para não mais comprar soja da Cargill enquanto não tiver uma decisão sobre a moratória e, é por isso que eles estão fazendo um jogo e nós não aceitamos esse jogo. Rompemos com eles. E eles fizeram a moratória da soja e passaram mais um ano e, depois não se fala mais. A destruição da floresta continua, agora mesmo 2014 para 2015, na Amazônia foram desmatados mais 280 quilômetros quadrados de floresta. Ano a ano vai continuando o desmatamento, só para ver que isso foi uma farsa e nós denunciamos isso, mas nós somos pequenos, não deu resultado. (E. F. M. S, 2015).

O movimento social, ao não concordar com o espaço de tempo proposto para a moratória da soja e pressionado pelos representantes do Greenpeace para aceitar o acordo, se retirou da negociação. De acordo com entrevistado, a corrida por um acordo só interessou aos represents do agronegócio quando sofreram uma pressão externa. Os consumidores europeus pressionaram, solicitando que o desmatamento da floresta amazônica parasse e que o trabalho escravo fosse extinto, caso contrário deixariam de importar a produção da Amazônia.

O entrevistado reconhece a moratória da soja com uma farsa, um jogo interesses das empresas interessadas na exportação da produção. A pressão internacional era forte e exigia uma solução. O acordo, para o entrevistado, tinha somente o objetivo de resolver o problema com as empresas importadoras da produção. Não havia uma real preocupação com a contenção do desflorestamento da região, inclusive o desmatamento de novas áreas continua após o acordo.

Outro entrevistado e representante da Pastoral da Terra afirma que

> A moratória da soja não é uma proposta do trabalhador, das comunidades que foram afetadas pela soja. A moratória da soja, se olharmos nos documentos, é uma proposta da ABIOVE e da ANEC, que representam os produtores de óleo. (G. F. J. R., 2015).

Ambos reconhecem a moratória da soja como uma estratégia de arranjos legais para garantir a continuidade da expansão da fronteira agrícola na Amazônia. O senhor G. F. J. R.[21] reconhece que o acordo não surge da necessidade dos trabalhadores ou das comunidades tradicionais, mas a partir dos interesses daqueles que sobrevivem da produção da monocultura da soja. Nesse caso, ele também enfatiza que a Cargill manifestou interesse no acordo, porque, além de encontrar a solução para a exportação do produto, apaziguaria os conflitos sociais na região decorrentes da implantação da monocultura da soja e do porto fluvial de escoamento.

Cardoso (2008) aponta que houve realmente uma pressão internacional desaprovando a produção de soja na Amazônia em novas áreas desmatadas exclusivamente para essa atividade. Em julho de 2006, a ABIOVE e a ANEC assinaram o acordo para não produzir soja em novas áreas desflorestadas no bioma amazônico. E expressaram o repúdio à utilização de mão de obra escrava na produção da oleaginosa.

Abaixo segue a notificação oficial emitida pelas entidades sobre o acordo:

---

21 Entrevista realizada na sede da diocese de Santarém, em 12 de março de 2015, com G. F. J. R., coordenador da Pastoral da Terra e ativista social.

Figura 3 – Comunicado oficial da ABIOVE E ANEC

A ASSOCIAÇÃO BRASILEIRA DAS INDÚSTRIAS DE ÓLEOS VEGETAIS – ABIOVE, a ASSOCIAÇÃO NACIONAL DOS EXPORTADORES DE CEREAIS – ANEC e suas respectivas associadas, estão comprometidas em implantar um programa de governança, que objetiva não comercializar a soja da safra que será plantada a partir de outubro de 2006, oriunda de áreas que forem desflorestadas dentro do Bioma Amazônico, após a data do presente comunicado.

Essa iniciativa terá a duração de 2 anos e busca conciliar a preservação do meio ambiente com o desenvolvimento econômico, através da utilização responsável e sustentável dos recursos naturais brasileiros. O setor se compromete durante este período a trabalhar em conjunto com os órgãos governamentais brasileiros, entidades que representam os produtores rurais e sociedade civil para:

a) Elaborar e implementar um plano que inclui o sistema efetivo de mapeamento e monitoramento do Bioma Amazônico ou com base em um mapeamento oficial recebido do Governo Federal da referida área;

b) Desenvolver estratégias para encorajar e sensibilizar os sojicultores a atenderem o disposto no Código Florestal Brasileiro;

c) Trabalhar em conjunto com outros setores interessados para desenvolver novas regras de como operar no Bioma Amazônico, colaborando e cobrando do Governo Brasileiro a definição, aplicação e cumprimento de políticas públicas (zoneamento econômico-ecológico) sobre o uso da terra nesta região.

O setor reitera o repúdio ao uso de trabalho escravo, sendo que as empresas incorporaram aos seus contratos de compra de soja cláusula de rompimento dos mesmos, caso haja constatação de trabalho análogo ao escravo.

São Paulo, 24 de Julho de 2006.
ASSOCIAÇÃO BRASILEIRA DAS INDÚSTRIAS DE ÓLEOS VEGETAIS – ABIOVE
ASSOCIAÇÃO NACIONAL DOS EXPORTADORES DE CEREAIS – ANEC

Fonte: <www.anec.com.br/moratoria.html>. Acesso em: 20 jun. 2015.

O comunicado oficial emitido pela ABIOVE e pela ANEC representa o compromisso em repensar o modelo de produção agrícola implantado na Amazônia, mas carrega consigo a força da pressão social sobre a expansão agrícola para a região Norte. Ele contradiz o discurso da presidente da CNA e senadora. Anteriormente mencionou-se que o agronegócio é responsável por gerar empregos formais em sua cadeia produtiva e, de fato, eles são gerados. Entretanto, as entidades reconhecem a possibilidade da utilização de trabalho escravo ou algo análogo a tal em seu processo produtivo.

Em entrevista com senhor T. F[22], o produtor de soja residente em Santarém que migrou da cidade de Santo Ângelo, Rio Grande do Sul, reconheceu o trabalho escravo na produção de soja. O entrevistado é elucidativo ao expor que a utilização de trabalho escravo é motivo suficiente para que o produtor seja retirado da lista dos aptos à exportação de produção agrícola.

Ao ser questionado se a pressão dos movimentos sociais favoreceu o acordo, o produtor nega e afirma que "[...] a moratória da soja não tem a ver com Santarém. A moratória da soja é uma coisa nacional, na Amazônia Legal" (T. F., 2015). Para ele, a mobilização coletiva em Santarém foi inexpressiva e o acordo foi feito por causa do estado do Mato Grosso e não do Pará, que tem uma produção insignificante diante da área existente, mas que não está disponível por questões legais.

O senhor T. F. reconhece que a moratória da soja é um acordo feito entre a iniciativa privada, ou seja, entre as empresas produtores e exportadores de soja no Brasil. Ela foi incentivada, sobretudo na ABIOVE, e o governo não se envolveu no processo de construção do acordo. Entretanto, ele afirma que o acordo se iniciou depois que houve uma pressão dos consumidores internacionais sobre o desmatamento e o trabalho escravo na Amazônia. A afirmação que diz que não houve envolvimento do governo na construção do acordo demonstra o encolhimento do Estado brasileiro frente às políticas de organização e de regulação do agronegócio no país.

Apesar de negar a força da ação coletiva como uma forte oposição ao processo expansionista da monocultura da soja na região, há um reconhecimento de uma pressão externa/internacional sobre o modelo de produção da oleaginosa na Amazônia. Inclusive, ao negar a movimentação em Santarém, posteriormente houve um sutil reconhecimento de que a moratória da soja surgiu na Amazônia Legal, e Santarém é um polo significativo de produção e de escoamento na região amazônica.

---

22 Entrevista realizada em 13 de abril de 2015, em Santarém, com o senhor T. F, produtor de soja na região e ex-presidente do sindicato dos produtores de Santarém e região.

A pressão internacional que denunciara o desmatamento na Amazônia para a produção de soja, isso junto com o trabalho escravo, nasceu na própria região e transbordou os limites da fronteira física regional. O próprio Greenpeace, com suas conexões internacionais, iniciou as denúncias no continente europeu. Entretanto, a saída de uma agricultora santarena para a Europa marcou uma série de denúncias no velho continente. A senhora M. I. B. S.[23] se reconhece como representante dos movimentos sociais que se contrapuseram ao processo expansionista do agronegócio para Santarém. Ela fez duras críticas ao modelo de desenvolvimento implantado na região e sofreu ameaças de morte e se retirou do país por um período. A entrevistada reconhece que a moratória da soja serve como "uma barreira de contenção", que passaria a monitorar o desmatamento, o conflito e o trabalho escravo na região. Para tanto, ela afirma que a

> [...] moratória pode não ter sido uma barreira governamental de exportação, de conflito, de tudo que a soja estava causando aqui, mas ela serviu como uma <u>barreira de contenção de luta pelos movimentos sociais</u>, porque a partir dali se estabeleceu alguns critérios, aí também deu uma parada, pois nenhum sojicultor que provocasse briga, conflito ou desmatamento do que ele já tinha feito, e se avançasse e ele fosse denunciado já não poderia vender para os compradores que são essas empresas que compram e financiam a soja. (M. I. B. S., 2015, grifo nosso).

Ao contrário do que expuseram os entrevistados anteriores, a agricultora salienta que a moratória foi um acordo que conteve o desmatamento e o conflito na região. A possibilidade da denúncia que causaria a impossibilidade da exportação da produção colocou os produtores de soja em estado de "alerta". É evidente que o acordo não foi resultado da intervenção do

---

23   A entrevista, como já informado anteriormente, foi realizada na Câmara Municipal de Santarém em 10 de abril de 2015 com senhora M. I. B. S., agricultora, ex-presidente do Sindicato dos Trabalhadores Rurais por dois mandatos, representante dos movimentos sociais. Atualmente está no segundo mandato de vereadora no município de Santarém.

Estado brasileiro, mas a ação coletiva organizada foi determinante para estabelecer os critérios de produção de soja na região. Esse discurso se contrapõe ao discurso dos sojicultores, que negam a existência do conflito e a pressão social. A concepção de "barreira de contenção de luta pelos movimentos sociais" carrega consigo a ideia de um conflito existente e que foi diminuído a partir de critérios estabelecidos para conter a relação conflituosa e o desmatamento.

Posteriormente a vereadora elucida que

> [...] naquele período, fui fazer um trabalho fora do Brasil e estive na Alemanha e visitei 10 cidades. Fui conversar com jovens, com ativistas, com o parlamento. Estive na Holanda também. Lá fui a um grande seminário e minha participação causou muito impacto até porque não sei ler em inglês, não tinha nada preparado, porque foi algo em cima da hora, mas fui para esse seminário e não sabia do que se tratava, mas eu falei dos impactos sociais, ambientais, culturais, econômicos que estavam acontecendo na nossa região e fiz essa fala que faço sempre, pois na minha concepção que vivi 35 anos em uma comunidade rural, numa comunidade tradicional para nós a soja é a cultura da morte, ela não está promovendo a vida da gente, ela está acabando com a gente da Amazônia. (M. I. B. S., 2015).

As denúncias no exterior causaram um enorme impacto nas atividades dos sojicultores na Amazônia, pois crescia uma pressão externa sobre a produção nacional, sobretudo a da Amazônia Legal. A fala da agricultora causou uma insatisfação nos consumidores da soja brasileira. Os impactos que transpunham a questão ambiental chamavam a atenção. Ao contrário do que apregoava a presidente do CNA, novamente a soja aparece com uma "cultura de morte". Se, nos discursos dos representantes do agronegócio, a produção da oleaginosa promove a igualdade social, o desenvolvimento econômico, na fala dos representantes dos movimentos sociais ela não representa avanços nas questões sociais da região, por vezes representando "morte e desgraça".

Os movimentos sociais, mediante as denúncias, conseguiram estabelecer critérios para a produção de soja no bioma amazônico, critérios que tinham como objetivo limitar o desmatamento da floresta, coibir o trabalho escravo e, sobretudo, garantir a permanência do trabalhador rural no campo. Entretanto, a moratória da soja representou uma perda e enfraqueceu a luta dos atores sociais.

Nota-se que as organizações sociais sabiam o que não queriam. Entretanto, os movimentos sociais não conseguiram estabelecer um projeto político que impedisse a expansão do novo agronegócio para a região. A ausência do projeto político foi determinante para que os movimentos sociais relacionados a questões ambientais e territoriais abandonasse a questão da soja e passasse a discutir as novas temáticas em Santarém e região (PRADO JÚNIOR, 2012).

Faltou aos movimentos sociais orientação suficiente para construir estratégias alternativas ao projeto de desenvolvimento bancado pelo novo agronegócio. O projeto político alternativo garantiria a continuidade do movimento e as barreiras de contenção, provavelmente, seriam mais duradoras. Entretanto, registra-se, nessa história, um movimento que se contrapôs no início do século XXI ao novo processo de ocupação territorial da Amazônia Legal.

CONSIDERAÇÕES FINAIS

A intenção desta pesquisa foi compreender a relação conflituosa no processo de expansão do novo agronegócio para a região de Santarém/PA. Esse processo se iniciou ao final da década de 1990 e início dos anos 2000, e com ele surgiram controvérsias, conflitos e reações. A própria cultura de soja na Amazônia é exótica e exige um aparato tecnológico e técnicas genéticas para chegar a uma viabilidade produtiva na região, sabendo-se que isso o governo, por ações da EMBRAPA, responsabilizou-se por viabilizar.

O novo agronegócio encontrou apoio dos governos federais, estaduais e municipais para expandir sua atuação para a região amazônica. Entretanto, encontrou resistência ao se deparar com os movimentos sociais relacionados às questões ambientais e territoriais. A discussão encontrou seu epicentro no modo de ocupação do território e na forma de apropriação dos recursos naturais. Tratava-se de duas lógicas distintas na forma do uso dos recursos e no processo de ocupação do território e o confronto entre elas gerou uma relação conflituosa.

Essas lógicas são compreendidas a partir da interpretação fornecida por Martins (1997), que as entende como duas frentes, sendo a frente pioneira e a frente de expansão. Elas são o espaço do encontro e do conflito, pois elas representam modos distintos de ocupar o espaço. A primeira não se pauta no princípio do acúmulo e a segunda representa os interesses do capital. O encontro dos representantes dessas frentes ocasionou um conflito inconciliável e que marcou o cenário político e social do Baixo Amazonas no início do século XXI.

Os movimentos sociais podem ser entendidos a partir da Teoria dos Novos Movimentos Sociais, teoria na qual novos temas são inseridos, como as questões ambientais e os novos modos de ocupação territorial. As novas ações coletivas com seus novos temas não podem ser interpretadas à luz das reflexões pautadas na relação classe, partido e Estado, conforme é opinião de Touraine. Neste novo ambiente social, os sujeitos políticos constroem suas barreiras de contenção desvinculados da relação de classe social.

As novas reações ocorrem nos bairros, nas comunidades e não necessariamente nos limites do processo de produção (TELLES, 1987). No caso estudado, a sociedade organizada, em torno da luta contra o desmatamento da floresta amazônica e contra o avanço do agronegócio, conseguiu criar uma barreira de contenção através do monitoramento e da denúncia dos produtores que transgredissem as regras do acordo.

Para os sojicultores, o acordo internacional significou perda de autonomia. Passaram a ter suas atividades de expansão do novo agronegócio reguladas pela sociedade civil. O descumprimento do acordo, que teve como objetivo conter o desmatamento e o trabalho análogo ao escravo, representaria a restrição ao direito de exportação da produção. Mesmo assim, novos mecanismos foram encontrados para que a expansão se ampliasse, como o artifício do "desmatamento silencioso" e, possivelmente, invisível ao monitoramento "remoto". A questão que se põe é monitorar uma extensa área como é o caso da Amazônia, em que múltiplos interesses perpassam as políticas econômicas impostas ao desenvolvimento territorial.

Em uma das visitas a uma área de plantação de soja se verificou uma área de aproximadamente dez hectares de mogno desmatada. Ao questionar o produtor sobre a área, ele repreendeu afirmando que tinha plantado há 20 anos e poderia fazer o que quisesse com ela. Deliberadamente ele decidiu desflorestar para plantar soja. Percebe-se que o monitoramento não consegue fiscalizar novas áreas que são desmatadas. A problemática do desmatamento é parte do cotidiano da região, mesmo depois da moratória da soja.

A moratória da soja no campo da disputa política e das relações conflituosas representou um processo de desarticulação para os movimentos sociais. Após o acordo firmado e o documento entrar em vigor, após a pressão dos importadores da produção, o conflito social esfriou. Os atores sociais que estavam ligados ao processo de ocupação da Amazônia se desconectaram da questão e passaram a discutir novos problemas, como é o caso dos projetos de construção de cinco novas hidrelétricas na bacia do Rio Tapajós.

No decorrer da pesquisa de campo notou-se a desarticulação dos movimentos sociais relacionados às questões ambientais e territoriais na Amazônia. Ao entrar em vigor o acordo, as lideranças dos movimentos sociais se retiram da disputam e compuseram novas organizações sociais, que passaram a debater novos temas. Os líderes geralmente transitam entre os diversos movimentos sociais, considerando o enfraquecimento da luta, como ocorreu com o processo de ocupação do novo agronegócio em território amazônico.

Compreender a ação e a mobilidade dos líderes de movimentos sociais pode ser o desafio de estudos futuros, pois a saída das lideranças das organizações provoca o enfraquecimento e a desarticulação das lutas sociais. Percebe-se que há um processo de profissionalização dos movimentos sociais, pois muitos hoje sobrevivem financeiramente das organizações sociais. Talvez a segurança financeira seja um dos motivos para que as lideranças sociais transitem em diversas organizações sociais, mas essas são hipóteses que estudos futuros poderão comprovar ou refutar.

Entende-se que a moratória da soja foi um instrumento político que os sojicultores e as empresas envolvidas na produção da oleaginosa encontraram para legitimar a produção de soja no bioma amazônico. E, após o acordo, a produção continuou no território. Os sojicultores garantiram a continuidade do agronegócio no Baixo Amazonas, e construíram a segurança de que necessitavam, ou seja, a garantia da importação da produção pelos países desenvolvidos. A moratória trouxe consigo a tranquilidade para continuar o avanço da monocultura da soja na região de Santarém.

Após o acordo, os movimentos sociais se enfraqueceram e se direcionaram a outras problemáticas. Embora não haja um consenso no discurso dos representantes das ações coletivas organizadas, nota-se que a moratória da soja representou uma perda na disputa social e no embate político-ideológico. Embora a pressão social tenha conseguido estabelecer uma "barreira de contenção", não teve força suficiente para construir uma alternativa que se contrapusesse ao projeto de desenvolvimento do novo agronegócio brasileiro. Faltou-lhes um projeto político alternativo.

REFERÊNCIAS

A1 – Entrevistado E. F. M. S. [4 de mar. 2015]. Entrevistador: Marcelo Praciano de Sousa. Santarém (PA): s.e., 2015. Gravação em gravador digital.

A2 – Entrevistado G. F. J. R. [12 de mar. 2015]. Entrevistador: Marcelo Praciano de Sousa. Santarém (PA): s.e., 2015. Gravação em gravador digital.

A3 – Entrevistado M. I. B. S. [10 de abr. 2015]. Entrevistador: Marcelo Praciano de Sousa. Santarém (PA): s.e., 2015. Gravação em gravador digital.

A4 – Entrevistado T. F [13 de abr. 2015]. Entrevistador: Marcelo Praciano de Sousa. Santarém (PA): s.e., 2015. Gravação em gravador digital.

A5 – Entrevistado H. F. [21 de abr. 2015]. Entrevistador: Marcelo Praciano de Sousa. Santarém (PA): s.e., 2015. Gravação em gravador digital.

A6 – Entrevistado C.P. S. [27 de mar. 2015]. Entrevistador: Marcelo Praciano de Sousa. Santarém (PA): s.e., 2015. Gravação em gravador digital.

A7 – Entrevistado A. A. P. [15 de maio. 2015]. Entrevistador: Marcelo Praciano de Sousa. Santarém (PA): s.e., 2015. Gravação em gravador digital.

A8 – Entrevistado A. C. S. [22 de jun. 2015]. Entrevistador: Marcelo Praciano de Sousa. Santarém (PA): s.e., 2015. Gravação em gravador digital.

ALENCASTRO, Luiz Felipe de. O fardo dos bacharéis. **Novos Estudos**. São Paulo, n. 19, p. 68-72, dez. 1987.

ALMEIDA, A. W. B. de. Movimentos migratórios nos vales do Tapajós e do Xingu. Relatório de Pesquisa. Programa de Pós-Graduação em Antropologia Social. Rio de Janeiro: Museu Nacional; UFRJ. 1974. Mimeografado.

ALONSO, Ângela. As teorias dos movimentos sociais: um balanço do debate. **Lua Nova**, n. 76, p. 49-86, 2009.

ANEC. Disponível em: <http//.www.anec.com.br/moratória.html/>. Acesso em: 20 jun. 2015.

ARAÚJO, Roberto et al. Estado e sociedade na BR-163: desmatamento, conflitos e processos de ordenamento territorial. In: CASTRO, E. (Org.). **Sociedade, território e conflitos:** BR-163 em questão. Belém, PA: NAEA, 2008.

ARENDT, Hannah. **Sobre a revolução**. Trad. Denise Bottman. São Paulo: Companhia das Letras, 2011.

BERGAMIM, S. J.; HEMPE, C. Método indutivo. Disponível em: XVI Seminário Interinstitucional de Ensino, Pesquisa e Extensão. Anais, Cruz Alta-RS, 2011.

BOBBIO, Norberto et al. **Dicionário de política**. Trad. de Sérgio Barth. Brasília, DF: Ed. da UnB, 1995.

BRANDÃO, S. P.; REZENDE, G. C.; MARQUES, R. W. Crescimento agrícola no período de 1999 a 2004: a explosão da soja e da pecuária bovina e seu impacto sobre o meio ambiente. **Revista de Economia Aplicada**. Ribeirão Preto, v. 10, n. 2, p. 249-266, abr./jun. 2006.

CABRAL, Luís Otávio. Revisitando as noções de espaço, lugar, paisagem e território, sob uma perspectiva geográfica. **Revista de Ciências Humanas.** Florianópolis, v. 41, n. 1 e 2, p. 141-155, abr./out. 2007.

CARDOSO, Fátima Cristina. **Do confronto à governança ambiental:** uma perspectiva institucional para a moratória da soja na Amazônia. 2008. 151 f. Dissertação (mestrado em Ciência Ambiental) Universidade da São Paulo. São Paulo-SP.

CARVALHO, R. A Amazônia rumo ao "ciclo da soja". **Amazônia Papers**, São Paulo, n. 2, p. 8, set. 1999. Disponível em: <http://www.amazonia.org.br>. Acesso em: 25 ago. 2013.

CASTRILON FERNANDÉZ, A. J. **Do cerrado à Amazônia:** as estruturas sociais da economia da soja em Mato Grosso. 2007. 262 f. Tese (Doutorado em Desenvolvimento Rural). Universidade Federal do Rio Grande do Sul, Porto Alegre, 2007.

CASTRO, E. Estado e políticas públicas na Amazônia em face da globalização e da integração de mercados. In: COELHO, M. C. et al. **Estado e políticas na Amazônia:** gestão do desenvolvimento regional. Belém, PA: CEJUP: UFPA; NAEA, 2001. p. 7-32.

CONAB. 2006. **Indicadores da agropecuária.** Ano XIV, n. 13. Disponível em: <http: //www.conab.gov.br/download/indicadores/pubindicadores.pdf>. Acesso em: 20 ago. 2013.

COSTA, Solange Maria Gaysso da. **Grãos na floresta:** estratégia expansionista do agronegócio na Amazônia. 2012. 312f. Tese em Desenvolvimento Sustentável do Trópico Úmido, Universidade do Federal do Pará. Belém/PA.

COUTINHO, C. **Gramsci:** um estudo sobre o seu pensamento político. Rio de Janeiro: Civilização Brasileira, 1999.

DELGADO, G. C. Expansão e modernização do setor agropecuário no pós-guerra: um estudo da reflexão agrária. **Estudos Avançados**, v. 15, n. 43, p. 157-172, set./dez. 2001.

EMBRAPA. Disponível em: <https://www.embrapa.br/soja/cultivos/soja1/dados-economicos>. Acesso em: 16 maio 2015.

FERNANDES, Florestan. **O que é a revolução.** São Paulo: Abril Cultural, 1984.

FUNDAÇÃO de Apoio à Pesquisa e ao Desenvolvimento Agropecuário e Florestal da Amazônia (FUNAGRI); EMBRAPA. Zoneamento ecológico econômico da área de influência da BR-163. Belém, PA: Funagri, 2006. p. 229-252.

GAMA, Antônia do S.; ALENCAR, A.; LIMA, Auxiliadora de N.; FERREIRA, Fernanda. **O avanço da soja e a questão fundiária na Amazônia:** o caso do Baixo Amazonas. IPAM, 2006.

GAZETA DE SANTARÉM. **Sojeiros agridem fotógrafo na orla.** Santarém, 17-19 de maio de 2006c, Caderno Cidade, p. 2.

GOHN, Maria da Glória. **Teoria dos movimentos sociais:** paradigmas clássicos e contemporâneos. 3. ed. São Paulo: Loyola, 2002.

GRAMSCI, **Concepção dialética da história.** Rio de Janeiro: Civilização Brasileira, 1989.

GRUPPI, Luciano. **O conceito de hegemonia em Gramsci**. Rio de Janeiro: Graal, 1978.

HABERMAS, J. **Mudança estrutural da esfera pública.** Rio de Janeiro: Tempo Brasileiro, 1984.

HAESBAERT, Rogério. Desterritorialização: entre redes e os aglomerados de exclusão. In: CASTRO, Iná Elias de; GOMES, Cesar da Costa; CORRÊA, Roberto Lobato (Org.). **Geografia:** conceitos e tema. 10. ed. Rio de Janeiro: Bertrand Brasil, 2007. p. 165-205.

HAESBAERT, Rogério. Região, regionalização e regionalidade: questões contemporâneas. **Revista Antares.** Caxias do Sul, n. 3, p. 2-24, jan./jun. 2010.

HASSE, G. **O Brasil da soja:** abrindo fronteiras, semeando cidades. Porto Alegre, RS: L&PM, 1996.

INPE. Disponível em: <http://www.inpe.br/notícias/arquivos/pdf/gráficos1_prodes 2009.pdf>. Acesso em: 20 jul. 2014.

INSTITUTO BRASILEIRO DE GEOGRAFIA E ESTATÍSTICA (IBGE).

JORNAL IMPACTO. SANTARÉM, 1999.

JORNAL IMPACTO. SANTARÉM, 2004.

LEÃO, Sandro; BANDEIRA, Felipe. **Estratégias e institucionalização de projetos:** dinâmicas regionais a partir da expansão do "agronegócio" em Santarém – Pará. (mimeo). 2012.

LÊNIN, V. I. **O Estado e a revolução.** São Paulo: Hucitec, 1987.

LEROY, J. P. **Uma chama na Amazônia.** Rio de Janeiro: Vozes, 1991.

LIMA, Maria do S. B.; PETER, H. **A expansão da fronteira agrícola no sul do Amazonas e sua relação com o incremento do desmatamento nas áreas de cerrados e campos naturais.** Trabalhado apresentado no Congresso brasileiro de economia ecológica, Brasília, 2005.

MACEDO, I. C.; NOGUEIRA, L. A. H. **Avaliação do biodiesel no Brasil.** Brasília, DF: Núcleo de Assuntos Estratégicos da Presidência da República, 2005.

MARGULIS, Sérgio. Causas do desmatamento da Amazônia Brasileira. **Paper Banco Mundial**, Brasília, 2003.

MARTINS, José de Souza. **A militarização da questão agrária no Brasil.** Rio de Janeiro: Vozes, 1984.

MARTINS, José de Souza. O tempo da fronteira: retorno à controvérsia sobre o tempo histórico da frente de expansão e da frente pioneira. In: _____. **Fronteira:** a degradação do outro nos confins do humano. São Paulo: Editora Hucitec, 1997. Cap. 4. p. 145-203.

MARX, Karl. **Para a crítica da economia política, salário, preço e lucro e o rendimento e suas fontes.** São Paulo: Abril Cultural, 1982.

MCCARTHY, J. D.; ZALD, M. N. Resource mobilization and social movements: a partial theory. **American Journal of Sociology**, v. 82, n. 6, 1977.

MELUCCI, A. The new social movements: a theoretical approach. **Social Science Information**, v. 19, n. 2, 1980.

MESQUITA, Zilá. Procura-se o coração dos limites. In: LEHNE, Carlos; CASTELO, Iara Regina; SCHÄFFER, Neiva Otero

(Orgs.). **Fronteiras no Mercosul.** Porto Alegre, RS: UFRGS, Edições Prefeitura Municipal de Uruguaiana, 1994. p. 69-73.

MEZZAROBA, O.; MONTEIRO, C. S. **Manual de metodologia da pesquisa no Direito.** 2. ed. São Paulo: Saraiva, 2004.

MINAYO, Maria Cecília de Souza. O desafio da pesquisa social. In: MINAYO. M. C. S. (Org.).; DESLANDES, S. F.; GOMES, R. **Pesquisa social:** teoria, método e criatividade. 3. ed. Petrópolis, RJ: Vozes, 2011. p. 9-29.

MIRANDA, Roberto de Sousa. **Ecologia política da soja e processos de territorialização no sul do Maranhão.** 2011. 203 f. Tese em Ciências Sociais, Universidade Federal de Campinas Grande. Campina Grande- PB.

MONTEIRO, Raimunda. Dinâmicas socioambientais e tendências urbanas e rurais na Amazônia: estudos dos municípios de Juruti, Santarém e Brasil Novo, no Pará. **Relatório de Pesquisa.** Santarém, 2004. Mimeografado.

MUELLER, C. C.; Bustamante, M. **Análise da expansão da soja no Brasil.** Versão Preliminar, abril de 2002. Disponível em: <http://www.worldbank.org/rfpp/news/deba tes/mueller. pdf>. Acesso em: 26 ago. 2013.

NOBRE, C. A. "Amazônia: fonte ou sumidouro de carbono?" Em: **Causas e dinâmica do desmatamento na Amazônia.** Ministério do Meio Ambiente, p. 197-224. 2001.

OLIVEIRA, Francisco. A reconquista da Amazônia. In: D'INCAO, M. A.; SILVEIRA, I. M. **A Amazônia e a crise da modernização.** Belém, PA: ICSA; UFPA; MPEG, 2009. p. 83-93.

ORTIZ, Renato. Notas sobre as ciências sociais no Brasil. In: **Novos Estudos CEBRAP**. São Paulo, n. 27, p. 163-175, 1990.

PEREIRA, José Carlos M.; LEITE, Márcia da Silva P. A "fala do desenvolvimento" em Belterra e a transformação do lugar em dois contextos de modernização. **Novos Cadernos NAEA**, v. 14, n. 2, p. 197-217, dez. 2011.

PORTO, Marcelo F.; MILANEZ, Bruno. Eixos de desenvolvimento econômico e geração de conflitos socioambientais no Brasil: desafios para a sustentabilidade e a justiça ambiental. Rio de Janeiro. **Revista Ciência e Saúde Coletiva**, v. 14, n. 6, p. 1983-1994, jul. 2009.

PRADO JÚNIOR. Caio. **A evolução política do Brasil**: e outros estudos. São Paulo: Companhia das Letras, 2012.

PUTY, C. A. C. B. Agricultura empresarial mecanizada. In: **Zoneamento-ecológico econômico da área de influência da rodovia da BR-163 (Cuiabá-Santarém)**: gestão territorial. Belém, EMBRAPA, Amazônia Oriental, 2007. v. 1: diagnóstico do meio socioeconômico, jurídico e arqueologia, p. 229-252.

SANTOS, M. **A natureza do espaço**: técnica e tempo, razão e emoção. São Paulo: Hucitec, 1999.

SAUER, Sérgio. **Violação dos direitos humanos na Amazônia**: conflito e violência na fronteira paraense. Goiânia: CPT; Rio de Janeiro: Justiça Global; Curitiba, PR: Terra de Direitos, 2005.

SENHORAS, Elói Martins. Geopolítica dos conflitos socioambientais na América do Sul. **Boletim Meridiano 47**, v. 11, n. 115, p. 21-23, fev. 2010.

TARROW, S. Mentalities, political cultures and colletive action frames. In: MORRIS, A. D.; MUELLER, C. M. (Eds.). **Frontiers in social movement theory**. New Haven/ London: Yale University Press, 1998.

TELLES, Vera da Silva. Movimentos sociais: reflexões sobre a experiência dos anos 70. In: SCHERER-WARREN, Ilse; KRISCHKE, Paulo J. (Orgs.). **Uma revolução no cotidiano?** Os novos movimentos sociais na América Latina. São Paulo: Brasiliense, 1987.

TILLY, C. **From mobilization to revolution.** Newberry Award Record. 1978.

TOURAINE, A. "Os novos conflitos sociais. Para evitar mal-entendidos". **Lua Nova**, n. 17, p. 5-18, jun. 1989.

TOURAINE, A. **Palavra e sangue.** Política e sociedade na América Latina. Campinas, SP: Ed. Unicamp, 1989.

TRIVIÑOS, Augusto Silva. **Introdução à pesquisa em ciências sociais:** a pesquisa qualitativa em educação. São Paulo: Atlas, 1987.

VENTURIERI, A. et al. Análise da expansão da agricultura de grãos na região de Santarém e Belterra, Oeste do estado do Pará. In: **Simpósio Brasileiro de Sensoriamento Remoto.** Florianópolis, 2007, p. 703-710.

SOBRE O LIVRO
Tiragem: 1000
Formato: 14 × 21 cm
Mancha: 10 × 17 cm
Tipografia: Times New Roman 10,5 | 12 | 16 | 18 pt
Arial 7,5 | 8 | 9 pt
Papel: Pólen 80 g/m² (miolo)
Royal Supremo 250 g/m² (capa)